Königs Erläuterungen Spezial

Erläuterungen zu

Bertolt Brecht

Das lyrische Schaffen

von Rüdiger Bernhardt

Über den Autor dieser Erläuterung:

Prof. Dr. sc. phil. Rüdiger Bernhardt lehrte neuere und neueste deutsche sowie skandinavische Literatur an Universitäten des In- und Auslandes. Er veröffentlichte u. a. Monografien zu Henrik Ibsen, Gerhart Hauptmann, August Strindberg und Peter Hille, gab die Werke Ibsens, Hilles, Hermann Conradis und anderer sowie zahlreiche Schulbücher heraus. Von 1994 bis 2008 war er Vorsitzender der Gerhart-Hauptmann-Stiftung Kloster auf Hiddensee. 1999 wurde er in die Leibniz-Sozietät gewählt.

Hinweis:
Die Rechtschreibung wurde der amtlichen Neuregelung angepasst.
Zitate von Bertolt Brecht müssen aufgrund eines Einspruches in der alten Rechtschreibung beibehalten werden.

3. Auflage 2011
ISBN: 978-3-8044-3052-5
© 2008 by Bange Verlag, 96142 Hollfeld
Alle Rechte vorbehalten!
Lektorat: Dr. Martin Beyer, Bamberg
Titelabbildung: Bertolt Brecht
Druck und Weiterverarbeitung: Tiskárna Akcent, Vimperk

(Zitiert werden die Gedichte mit der Sigle BFA, Band- und Seitenangabe nach Bertolt Brecht: *Werke*. Große kommentierte Berliner und Frankfurter Ausgabe. Herausgegeben von Werner Hecht, Jan Knopf, Werner Mittenzwei, Klaus-Detlef Müller. Band 11–15; Gedichte Band 1–5. Berlin, Weimar: Aufbau-Verlag; Frankfurt a. M.: Suhrkamp 1988–1993)

Vorwort

Lange Zeit galt Brecht vorrangig als Dramatiker; erst nach seinem Tod rückte die Lyrik an die Seite der Stücke. Einige Dramen Brechts haben einen festen Platz im Repertoire der Theaterhäuser behalten; Marcel Reich-Ranickis Behauptung die Dramen seien „zum großen Teil jetzt schon vergessen", stimmt nicht. Seine These, er könne sich kein Deutschland vorstellen, „dem seine [Brechts, R. B.] Dichtung gleichgültig sein könne"[1], ist ebenso fragwürdig, denn nach wie vor kennt etwa die Hälfte der Deutschen nichts von dieser Lyrik, andere stehen ihr wegen Brechts politischer Haltung ablehnend gegenüber. Es ist die geistige und gesellschaftliche Elite, die sich der Lyrik annimmt, ohne die Massenlieder und die kapitalismuskritischen oder gar gesellschaftsprogrammatischen Lehrgedichte bis zu *Das Manifest* – von der *Erziehung der Hirse* (1951) ganz zu schweigen – einzubeziehen.
Brecht spielt in jüngster Zeit auch in der Literaturwissenschaft eine bedeutende Rolle und hat seit 1990 eine „Welle der Begeisterung"[2] erlebt, wobei jedoch wichtige Aspekte der Lyrik unberücksichtigt blieben. Trotzdem gehört er nach wie vor zu den erfolgreichen Autoren beim Publikum: Der Suhrkamp-Verlag verkauft nach eigener Aussage jährlich etwa 300.000 Bücher des Autors Brecht; bisher sind es 16,5 Millionen Exemplare insgesamt. Auf den Spielplänen deutscher Theater ist er führend. Übersetzt wurde er in mehr als 50 Sprachen.
Nachhaltig wirken die Werke und die Methoden Brechts bei seinen Schülern und deren Arbeiten; das reicht von Peter Hacks, Heiner Müller, Karl Mickel und Volker Braun bis zu Kurt Bartsch, Hans Magnus Enzensberger und Peter Rühmkorf.

---

1   Reich-Ranicki, *Der Mond über Soho*, S. 198
2   Tom Kuhn: *Brecht als Lyriker*. In: Knopf, Brecht-Handbuch, Bd. 2, S. 1

Es hat zahlreiche Versuche gegeben, aus der umfangreichen Lyrik Brechts – sie umfasst etwa 2.500 Gedichte – eine repräsentative Sammlung auszuwählen. Brecht selbst hat sich daran beteiligt (*Hundert Gedichte 1918–1950*, 1951). Ein Erfolg wurde der Band *Gedichte*, der sich auf Brechts Vorschlag gründete und in acht Jahren elf Auflagen erlebte.[3] Eine andere, ebenfalls erfolgreiche Auswahl stellte die Schallplattenreihe *Ein Bertolt-Brecht-Abend mit Therese Giehse* (1967–1969) dar. Für die Zusammenstellung war Therese Giehse, die Brecht gut gekannt hatte, verantwortlich. Sie stellte den privaten Brecht deutlicher heraus als den politisch-programmatischen Dichter und erreichte so eine fast poetische Biografie Brechts. Die Kritik lobte die Sammlung enthusiastisch und führte die Übereinstimmung von Dichtung und Lesung auf die Herkunft beider – dem süddeutschen Sprachraum – zurück.

Bei einer Bestandsaufnahme der Lyrik des 20. Jahrhunderts – und Brecht ist, für die deutsche Lyrik, der wichtigste Dichter dieses Jahrhunderts – nahm Hans Magnus Enzensberger in sein *Museum der modernen Poesie* elf Gedichte auf.[4] Damit führte dieser die aufgenommene internationale Lyrik – 96 Autoren aus 20 Ländern – mit Abstand an. Dass Brecht auch heute noch polarisiert, wird zum Beispiel darin deutlich, dass eine andere Anthologie ihn nicht einmal erwähnt, obwohl sie eingangs „Höhepunkte deutscher Lyrik" und „Begegnungen mit beispielhaften Selbstvergewisserungen in der spontanen Konfrontation mit existentiellen Grundsituationen und gesellschaftlich-geschichtlichem Geschehen" verspricht.[5]

Brechts Lyrik ist von der Dramatik, aber auch von der Epik kaum zu trennen und wurde in der Form von Songs (*Dreigroschenoper*)

---

3   Bertolt Brecht: *Gedichte*. Auswahl und Nachwort von Siegfried Streller. Leipzig: Philipp Reclam jun., 1959 (1. Auflage) – 1967 (11. Auflage)

4   Hans Magnus Enzensberger (Hrsg.): *Museum der modernen Poesie*. Frankfurt a. M.: Suhrkamp, 1960; München: dtv, 1964

5   Vgl. z. B. Winfried Freund: *Deutsche Lyrik*. Interpretationen vom Barock bis zur Gegenwart. München: Wilhelm Fink Verlag, 1990 (UTB, Bd. 1583), S. 11

oder Sprechchören (*Die Maßnahme*) oft Teil anderer Texte. Im *Dreigroschenroman* eröffnen die bekannten Songs die einzelnen Bücher (BFA 16, 21 f. usw.). In zahlreichen Fällen wurden vorhandene Gedichte in spätere Stücke montiert; auch entstanden Gedichte während der Beschäftigung mit Stücken, sie wurden dann zu einer Art Stückkommentar. Dieser umfangreiche Vorgang wird in vorliegender Erläuterung an einem Beispiel erörtert (*Über das bürgerliche Trauerspiel ‚Der Hofmeister' von Lenz*). Schon Brechts erster dramatischer Held Baal im gleichnamigen Stück *Baal* (1918) war ein Lyriker; seine Gedichte waren denen des jungen Brecht ähnlich. Auch Baals Vorbilder – Villon, Whitman, Rimbaud, Verlaine und Wedekind – entsprachen denen des frühen Brecht, auf den allerdings auch Knut Hamsun und Gerhart Hauptmann Eindruck machten und die zu „seinen Lieblingsdichtern"[6] zählten.

Die vorliegenden Erläuterungen interpretieren bekannte Gedichte Brechts. Die Bescheidung auf wenige Gedichte ist schwierig; zwischen den Interpretationsbänden zur Lyrik Brechts gibt es nur wenige Übereinstimmungen. Deshalb werden die Kommentare mit Hinweisen auf ähnlich strukturierte und vom Typ her vergleichbare Gedichte verbunden.

Brecht hat sich bemüht, eine große Schülerschaft um sich zu versammeln; das hatte besonders Auswirkungen auf die Entwicklung der Dramatik. Aber auch in der Lyrik gibt es Dichter, die sich nachdrücklich in die Tradition Brechts stellten und sie weiterführten, unter ihnen der Büchner-Preisträger Volker Braun (geb. 1939). Auch darauf wird an mehreren Stellen hingewiesen, um Wirkungen Brechts zu verdeutlichen.

Brechts Dichtung durchlief im 20. Jahrhundert eine eigentümliche Rezeptions- und Wirkungsgeschichte: Einerseits wurde der Dichter von einem Aufrührer in der künstlerisch-literarischen

---

6   Mittenzwei, Bd. 1, S. 35

Landschaft zu einem Klassiker, der als solcher seine ursprüngliche Bedeutung für die Veränderung der Literatur zunehmend verlor. Andererseits bleibt Brecht bis heute umstritten und als politischer Dichter weiter ein geistiger Erneuerer. Die einen betrachten Brecht als „Klassiker schon zu Lebzeiten" und wollen, typisch für den Umgang mit einem Klassiker, aus den Notizbüchern die letzten Geheimnisse entreißen und der Öffentlichkeit übergeben.[7] Die anderen möchten „die Lücke zwischen der Notwendigkeit der Veränderung und der Gewissheit ihrer Möglichkeit mit Hilfe von Brecht"[8] verringern und den Dichter also ganz gegenwärtig lesen und sein Werk benutzen.

Der Kommentar bemüht sich, für zentrale Kategorien Brechts wie Gestus, Dialektik und Verfremdung, aber auch: Kommunismus, über den er das oft zitierte Gedicht *Lob des Kommunismus* (1933) schrieb, Entstehung, Inhalt und Bedeutung zu erläutern. Brechts Lyrik hat einen völlig neuen Ton in die Literatur gebracht, der verständlich ist, zu dem man aber nur Zugang hat, wenn man die Mittel kennt, die Brecht einsetzt, und sich ihrer zu bedienen weiß.

Seit dem Erscheinen der Bände 11 bis 15, *Gedichte* 1 bis 5, in der Großen kommentierten Berliner und Frankfurter Ausgabe in den Jahren von 1988 und 1993 hat die Beschäftigung mit der Brecht'schen Lyrik zugenommen. Zahlreiche Einzelaspekte wurden untersucht.[9] Die dazu entstandene Sekundärliteratur mit ih-

---

7 Susanne Beyer: *Abschied vom Beton-Brecht*. In: Der Spiegel, 11. Februar 2008, S. 140–143 mit dem bezeichnenden Satz im Untertitel: „Der Klassiker Bertolt Brecht gilt als Besserwisser und Moralist."

8 Werner Seppmann: *Eröffnung des Kongresses*. In: Marxistische Blätter, Heft 1/2007, S. 3. Der Titel des Heftes lautet *Bertolt Brecht und der Kommunismus*

9 Vgl. z. B. Albrecht Kloepfer: *Poetik der Distanz*. Ostasien und ostasiatischer Gestus im lyrischen Werk Bertolt Brechts. München: iudicium, 1997; Welf Kienast: *Kriegsfibelmodell*. Autorschaft und „kollektiver Schöpfungsprozess" in Brechts Kriegsfibel. Göttingen: Vandenhoeck & Ruprecht, 2001; Helmut Koppmann (Hrsg.): *Brechts Lyrik – neue Deutungen*. Würzburg: Königshausen & Neumann, 1999; Wendula Dahle (Hrsg.): *Die Geschäfte mit dem armen B.B*. Vom geschmähten Kommunisten zum Dichter „deutscher Spitzenklasse". Hamburg: VSA-Verlag, 2007

rer Interpretationsvielfalt kann in diesem Zusammenhang nur in kleiner Auswahl und mit wenigen Hinweisen berücksichtigt werden, um Anliegen und Umfang des vorliegenden Bandes nicht zu gefährden, der sich kaum auf Einzeluntersuchungen stützt, sondern nachvollziehbare Interpretationen auf der Grundlage der Lyriktheorie Brechts bietet. Er wird deshalb oft in Widerspruch zu anderen Darstellungen geraten. Der Leser ist immer noch gut beraten, sich im Fall einer selbstständigen Weiterarbeit bei ausgewiesenen Brecht-Forschern wie Hans Mayer, Klaus Schuhmann, Jan Knopf und Werner Mittenzwei, deren wichtigste Arbeiten im Literaturverzeichnis stehen, zu informieren.

1. Bertolt Brecht: Leben und Werk

1.1 Biografie

Jahr	Ort	Ereignis	Alter
1898	Augsburg	10. Februar, Auf dem Rain 7: Eugen Berthold Friedrich B. wird als Sohn des späteren Direktors der Haindlschen Papierfabrik Berthold B. (1869–1939) und seiner Ehefrau Sophie, geb. Brezing (1871–1920), geboren. 20. März: Taufe in der evangelischen Barfüßerkirche.	
1904	Augsburg	Volksschule bei den Barfüßern.	6
1908	Augsburg	Besuch des Kgl. Bayerischen Realgymnasiums.	10
1914	Augsburg	Erste kriegsbegeisterte Gedichte mit Kaiserhuldigung in den „Augsburger Neuesten Nachrichten" und der „München-Augsburger Abendzeitung" unter dem Pseudonym Berthold Eugen.	16
1916	Augsburg	Erstmals ein Gedicht (*Das Lied der Eisenbahntruppe von Fort Donald*) mit dem Namen Bert Brecht veröffentlicht. Bekenntnis zu einem rigorosen Pazifismus bei der Interpretation eines Horaz-Zitates[10]	18

10 Das Zitat lautete „Dulce et decorum est pro patria mori" („Süß und ehrenvoll ist es für das Vaterland zu sterben.")

Jahr	Ort	Ereignis	Alter
		in einem Schulaufsatz. Drohende Schulentlassung. Beginn der Freundschaft mit dem späteren Bühnenbildner Caspar Neher.	
1917	Augsburg Tegernsee München	Vor Ostern: Not-Abitur. September: Hauslehrer. 2. Oktober: Einschreibung zum Literatur-, im Mai 1918 zum Medizinstudium.	19
1918	Augsburg München	9. März: Tod Frank Wedekinds, dessen Persönlichkeit B. fasziniert hatte. Er ist erschüttert und führt mit den Freunden eine Trauerfeier am Lech durch, fährt zur Beerdigung nach München. Musterung für den Kriegsdienst (Januar), „Beurlaubung" für das laufende Semester auf Wunsch des Vaters. Niederschrift von *Baal* und Gedichten.	
	Augsburg	1. Oktober bis 9. Januar 1919: Kriegsdienst als Sanitätssoldat in einem Seuchenlazarett (*Lied an die Kavaliere der Station D*). Seit November Mitglied des Arbeiter- und Soldatenrates, ohne besonders aufzufallen.[11]	

---

11 Vgl. Mittenzwei, Bd. 1, S. 84

Jahr	Ort	Ereignis	Alter
1919	Augsburg	Januar/Februar: *Trommeln in der Nacht (Spartakus)* entsteht. Uraufführung: 29. September 1922. 30. Juli: Frank, Brechts erster Sohn, geboren, Mutter: Paula (Bi) Banholzer. Herbst: mehrere Einakter entstehen, darunter *Die Kleinbürgerhochzeit*.	21
1920	Berlin	Erste Berlinreise, März: Rückkehr nach München.	22
1921	Berlin	Zweite Berlinreise. Verlagsverhandlungen. Gedichtsammlung *Hauspostille* liegt vor. Erscheint erst 1927.	
1922	München	Oktober: Dramaturg an den Münchener Kammerspielen. Im Herbst Zusammenarbeit mit Lion Feuchtwanger. Lernt bei ihm Marieluise Fleißer kennen, die 1926 seine Geliebte wird. Beschäftigt sich intensiv mit dem Marxismus.	24
	München	November: Eheschließung mit Marianne Zoff.	
	Berlin	Kleist-Preis auf Anregung Herbert Jherings für *Trommeln in der Nacht*. Begegnet erstmals Helene Weigel.	

Jahr	Ort	Ereignis	Alter
1923	Berlin	Freundschaft mit Arnolt Bronnen, nach dessen Vornamen er sich von nun an „Bertolt" nennt. Geburt der ersten Tochter Hanne, Mutter: Marianne Zoff. Weitere Stücke und Uraufführungen.	25
1924	Berlin	Nach Besuchen Capris mit Marianne Zoff übersiedelt er nach Berlin zu Helene Weigel. Dramaturg am Deutschen Theater. Elisabeth Hauptmann wird seine ständige Mitarbeiterin. November: Sohn Stefan wird geboren, Mutter: Helene Weigel.	26
1926	Darmstadt	Uraufführung: *Mann ist Mann*. Ende des Jahres: Zehn Gedichte, die zum Zyklus *Aus einem Lesebuch für Städtebewohner* zusammengestellt werden.	28
1927	Berlin	Preisrichter in einem Lyrik-Wettbewerb, erkennt keinem Teilnehmer einen Preis zu. Beginn der Zusammenarbeit mit Kurt Weill. Songspiel *Mahagonny* auf der Grundlage von Gedichten aus der *Hauspostille* (Uraufführung: 17. Juli in Baden-Baden).	29
	Berlin	Zusammenarbeit mit Erwin Piscator am Theater am Nollendorfplatz.	

Jahr	Ort	Ereignis	Alter
1927	Berlin	*Bertolt Brechts Hauspostille* im Propyläen-Verlag.	29
1928	Berlin	31. August, Theater am Schiffbauerdamm: Uraufführung der *Dreigroschenoper*. Gutbürgerlich lebend. Kauft einen Landsitz am Ammersee. 16. September: Scheidung von Marianne Zoff.	30
1929		10. April: Eheschließung mit Helene Weigel. Im Mai beginnt die Bekanntschaft mit Walter Benjamin.	31
1930	Leipzig	Uraufführung: *Aufstieg und Fall der Stadt Mahagonny;* Musik: Kurt Weill. 28. Oktober: Geburt der Tochter Barbara (Mutter: Helene Weigel).	32
1931	Berlin	Filmpremiere: *Die Dreigroschenoper* (Regie: Georg Wilhelm Pabst). Herbst: Dramatisierung von Maxim Gorkis Roman *Die Mutter.*	33
1932	Berlin	Lernt bei den Proben zur *Mutter* Margarete Steffin kennen, die seine Mitarbeiterin und Geliebte wird. Mai: Besuch in Moskau zur Uraufführung des Films *Kuhle Wampe*, trifft Sergej Tretjakow.	34

Jahr	Ort	Ereignis	Alter
1933	Skovsbostrand	28. Februar: B. verlässt nach dem Reichstagsbrand mit Helene Weigel und Sohn Stefan Deutschland, emigriert über die Tschechoslowakei, Österreich, Schweiz (Begegnung mit Anna Seghers, Alfred Döblin, Kurt Kläber und Bernard von Brentano), Frankreich nach Dänemark (Einladung durch die Schriftstellerin Karen Michaelis). August: B. kauft ein Haus in Skovsbostrand bei Svendborg. Lernt die Schauspielerin Ruth Berlau kennen, die seine Mitarbeiterin und Geliebte wird.	35
	Paris	Mit Margarete Steffin Vorbereitung des Zyklus *Lieder, Gedichte, Chöre*. Mitte September: B. besucht Lion Feuchtwanger in Sanary-sur-Mer.	
1934	Skovsbostrand	Hanns Eisler und Walter Benjamin zu Besuch. Oktober bis Dezember: London, Zusammenarbeit mit Leo Lania.	36
1935	Moskau	Frühjahr: Reise nach Moskau. Begegnung mit Sergej Tretjakow, Carola Neher und anderen.	37

Jahr	Ort	Ereignis	Alter
1935		8. Juni: Aberkennung der deutschen Staatsbürgerschaft „wegen Schädigung der deutschen Belange und Verstoßes gegen die Pflicht zur Treue gegen Reich und Volk".	37
	Paris	21. bis 25. Juni: Mit Karen Michaelis nimmt B. am I. Internationalen Schriftstellerkongress zur Verteidigung der Kultur teil.	
	New York	7. Oktober: Reise zu Proben zur *Mutter*.	
1936	London	Arbeitet mit Fritz Kortner.	38
	Skovsbostrand	August: Besuch Benjamins.	
1937	Sanary-sur-Mer	Oktober: Besuch bei Feuchtwanger.	39
1938	Paris	Proben für *Furcht und Elend des Dritten Reiches*. 21. Mai: Uraufführung (Musik: Paul Dessau). Zusammenstellung der *Svendborger Gedichte*. Erste Fassung von *Leben des Galilei*.	40
1939	Stockholm	April/Mai: Übersiedlung nach Schweden. Juli: Zieht in ein Landhaus auf der Insel Lidingö. Bekanntschaft mit dem Maler Hans Tombrock. Schreibt *Mutter Courage und ihre Kinder* (Uraufführung 1941 in Zürich).	41

Jahr	Ort	Ereignis	Alter
1940	Helsinki	17. April: Siedelt mit der Familie und Margarete Steffin nach Finnland über. Auf Einladung der finnischen Schriftstellerin Hella Wuolijoki Übersiedlung auf das Gut Marlebäck, dorthin folgt auch Ruth Berlau.	42
1941	Moskau	Mai: B. trifft mit seiner Familie, Margarete Steffin und Ruth Berlau ein. Erkrankung der Steffin, die bald darauf stirbt. Juni: Nach Wladiwostok und Abreise in die USA.	43
	Los Angeles	21. Juli: Ankunft in San Pedro (Hafen von L.A.). August: Umzug nach Santa Monica, erfolglose Arbeit an Filmszenarien.	
1942	Santa Monica	Zusammenarbeit mit Hanns Eisler, dem Regisseur Fritz Lang und Lion Feuchtwanger. Es entstehen die *Hollywood-Elegien*.	44
1943	New York	Lebt für drei Monate, Ende des Jahres für vier Monate bei Ruth Berlau.	45
	Zürich	Uraufführung des Stücks *Der gute Mensch von Sezuan* (Februar) und *Leben des Galilei* (September).	
1944	Santa Monica	Mit Charles Laughton Arbeit an einer amerikanischen Fassung des *Galilei*.	46

Jahr	Ort	Ereignis	Alter
1945	Santa Monica	Beginnt die Versifizierung des *Kommunistischen Manifestes*.	47
	New York	Mai: Zwei Monate Aufenthalt bei Ruth Berlau. Aufführung: *Furcht und Elend des Dritten Reiches*.	
1946	New York	Drei Monate, u. a. Besuch bei Ruth Berlau in der Klinik (Nervenzusammenbruch). Zusammenarbeit mit W. H. Auden.	48
1947	Hollywood	30. Juli: Premiere des *Galileo*. Mitte September: Vorbereitung der Abreise. 30. Oktober: Verhör vor dem Ausschuss für unamerikanische Betätigung. Verlässt einen Tag später die USA in Richtung Paris.	49
	Paris	Begegnung mit Anna Seghers.	
	Zürich	5. November: Ankunft, am nächsten Tag Besuch im Zürcher Schauspielhaus. Trifft mit Carl Zuckmayer, Erich Kästner, Werner Bergengruen und Max Frisch – ihre Beziehung wird intensiv – zusammen.	
	Zürich	19. November: Helene Weigel und Tochter Barbara treffen ein.	
1948	Chur	Inszenierung der Bearbeitung der *Antigone des Sophokles*. Uraufführung am 15. Februar.	50

Jahr	Ort	Ereignis	Alter
	Prag	17. Oktober: Über Prag nach Berlin.	
	Bad Schandau	22. Oktober: Begrüßung durch Ludwig Renn und andere.	
	Berlin	12. Dezember: Mit Wolfgang Langhoff Absprache über ein eigenes Ensemble im Deutschen Theater. Wohnt in einem Flügel des Hotels „Adlon".	
1949	Berlin	11. Januar: Deutsche Premiere der *Mutter Courage und ihre Kinder* (Regie: Bertolt Brecht und Erich Engel). 20. Februar: Helene Weigel beginnt mit dem Aufbau des Berliner Ensembles. B. schreibt nach Nordahl Griegs Drama *Die Niederlage* das Stück *Die Tage der Commune*. Pfingsten: Haus in Berlin-Weißensee. August/September: Reisen nach München und Augsburg. 12. November: Eröffnung des Berliner Ensembles (BE) mit *Herr Puntila und sein Knecht Matti*.	51
1950	Berlin	24. März: Mitglied der Deutschen Akademie der Künste Österreich.	52

Jahr	Ort	Ereignis	Alter
1950		12. April: Erhält die österreichische Staatsbürgerschaft, die reaktionäre Wiener Presse ist empört. 15. April: Uraufführung *Der Hofmeister* (Regie: Bertolt Brecht).	
1951		*100 Gedichte, Die Erziehung der Hirse, Herrnburger Bericht* anlässlich der 3. Weltfestspiele der Jugend und Studenten. Nationalpreis I. Klasse.	53
1952	Buckow	14. Februar: Am Schermützelsee pachten Brecht und Helene Weigel ein Grundstück.	54
1953		17. Juni: Brecht erklärt seine Verbundenheit mit der Regierung der DDR und wendet sich gegen faschistische Provokationen. Tritt für eine umfassende Volksaussprache ein. *Buckower Elegien.*	55
1954	Berlin	19. März: Umzug des BE in das Theater am Schiffbauerdamm. Eröffnung mit Brechts Bearbeitung von Molières *Don Juan*. Ende Juni: Gastspiele mit der *Mutter Courage* in Brügge, Amsterdam und Paris.	56
1955	Moskau	25. Mai: Verleihung des *Stalin-Friedenspreises*. B. wird von Helene Weigel und Käthe Rülicke begleitet.	57

Jahr	Ort	Ereignis	Alter
	Paris	14. Juni: Gastspiel des BE mit *Der Kaukasische Kreidekreis.*	
1956	Mailand	Mit Elisabeth Hauptmann und Hanne Hiob zur Premiere der *Dreigroschenoper* (Regie: Giorgio Strehler).	58
	Berlin	Mai: Charitéaufenthalt wegen einer Virusgrippe. Anschließend meist in Buckow. 14. August: Tod infolge eines Herzinfarkts. 17. August: Beisetzung auf dem Dorotheenstädtischen Friedhof.	

1.2 Zeit- und literaturgeschichtlicher Hintergrund

Die Gedichte Bertolt Brechts haben bei aller Unterschiedlichkeit eine Gemeinsamkeit: „Unter ihren mannigfaltigen Haltungen wird man *eine* vergebens suchen, das ist die unpolitische, nichtsoziale."[12] Diese These Walter Benjamins konstatiert nahezu die gesamte Brecht-Forschung. Sie fußt auf dem Umstand, dass „politische Stellungnahmen und Bindungen eine so entscheidend wichtige Rolle in Leben und Werk eines Autors gespielt haben"[13].

Dichtung eines politisch engagierten Menschen

Brechts Dichtung ist die Dichtung eines politisch engagierten Menschen; alle ästhetischen Überlegungen und dadurch ausgelösten Neuerungen standen im Dienst gesellschaftlicher Veränderungen. Der Dichter Brecht und der Politiker Brecht – der Poet und der Kommunist – befanden sich in einem ständigen dialektischen Spannungsverhältnis.[14] Brechts Gedichte sind jedoch nicht nur politisch. Politische Vorgänge sind darin vielmehr – auch wenn dies auf den ersten Blick nicht so erscheinen mag – poetisch gestaltet. Politik ist auch dort vorhanden, wo sich das Thema scheinbar einem solchen Bezug verweigert, etwa in Liebesgedichten, Legenden oder literarischen Stillleben (*Der Blumengarten*).

Die Gedichte entstanden zwischen 1914 und 1956. Sie stammen aus fünf verschiedenen Gesellschaftsstrukturen: dem Kaiserreich und dem ersten Weltkrieg, der Weimarer Republik, dem Dritten Reich und dem zweiten Weltkrieg, der Nachkriegszeit unter den Besatzungsmächten, der Zeit der beiden deutschen Staaten von 1949 bis zu Brechts Tod. Ausgangspunkt für die Entwicklung war seine Geburtsstadt Augsburg; eine Stadt, der sich Brecht konsequent mit ironischer Distanz widmete. Die Augsburger Jahre wa-

---

12 Benjamin, S. 308
13 Hannah Arendt: *Walter Benjamin. Bertolt Brecht*. Zwei Essays. München: Piper, 1971, S. 66
14 Vgl. dazu Fischer, S. 296 f.

ren für Brechts Werdegang prägend, danach hat sich bei ihm in der Einstellung zu Gesellschaft und Menschen, Kunst und Frauen nichts Grundsätzliches geändert, lediglich sein Weltbild wurde zunehmend durch die Erfahrung von Widersprüchen geschärft und durch das Studium philosophischer Arbeiten systematisiert.

Die Stadt Augsburg hatte zwar ihre herausragende handelspolitische Bedeutung, die sie als Freie Reichsstadt innehatte, 1806 verloren, aber immer ein starkes und wohlhabendes, dabei sehr konservatives Bürgertum angezogen. Eine ausgesprochen proletarische Lebensweise war in dieser Stadt unüblich. Dafür spielten traditionelle Gewohnheiten eine große Rolle, die auch der junge Brecht und sein Freundeskreis mit ihren Auftritten pflegten. In Augsburg entstanden Brechts erste Gedichte, heroisch begeistert und national; sie wurden in der Augsburger Schülerzeitung „Die Ernte" veröffentlicht. Die Kriegsbegeisterung Brechts legte sich schnell. Es dichtete fortan ein Rebell, der gegen alles antrat, was wie gesicherte Bürgerlichkeit aussah: Brecht erlebte diese als Kleinbürgerlichkeit in der eigenen Familie. Ihm selbst war nach dem Aufstieg seiner Eltern ins Großbürgertum eigentlich eine entsprechende Karriere zugedacht. Größer könnte der Widerspruch nicht sein: Die Hinwendung zum Anarchismus, zu Abenteurertum und Erotik prägten den weiteren Lebensweg Brechts, einem der größten deutschen Lyriker, der zugleich ein politischer Denker war. Sein lyrisches Œvre umfasst etwa 2.500 Gedichte, die kaum etwas mit Gefühl im Sinn haben, dafür sehr viel vom Verstand sprechen. In ihnen ist wenig Privates, dafür sehr viel Gesellschaftliches und Politisches zu finden, umgesetzt in poetische Bilder. Diese Entwicklung begünstigte die Beschäftigung des Dichters mit dem Marxismus. Er wurde für Brecht die einzige geistige Methode, um die scheinbar schicksalhaften ökonomischen Zwän-

die Stadt Augsburg

Marxismus

ge zu verstehen, zu erklären und so ihnen zu begegnen. Brechts Lyrik polemisierte von Beginn an gegen die individualisierte Ausdruckslyrik, als deren bedeutendster Vertreter Gottfried Benn gesehen wurde. Benn wollte die Wirklichkeit stilisieren und zur Erfahrung des Einzelnen machen; Brechts Grundthese für die Lyrik war ihr allgemeiner „Gebrauchswert"[15]. Dadurch wurde Brecht zum „Gegenspieler"[16] Benns; bereits Kurt Tucholsky stellte 1928 beide nebeneinander: „Er [gemeint ist Brecht, R. B.] und Gottfried Benn scheinen mir die größten lyrischen Begabungen zu sein, die heute in Deutschland leben."[17]

Am Ende der Weimarer Republik hatte Brecht seine parteilich-politische Dichtung voll ausgebildet und

dialektisches Denken

sie durch sein dialektisches Denken strukturiert. Diese Dichtung war „ästhetisch bestimmt von der dialektischen Rhetorik. ... Brecht hat immer rhetorisch geschrieben, aber durch seine Beschäftigung mit dem Marxismus definiert sich die Richtung seines Angriffs genauer."[18] Dazu gehörte schließlich die aktuelle gesellschaftliche Erfahrung der Arbeitslosigkeit 1929, die sowohl den einzelnen Menschen als auch die gesamte Klasse der Arbeiter betraf: „Meine Herren, das ist sehr schwierig / Mit der Arbeitslosigkeit ... Denn das muß ein Volk ja schwächen / Diese Arbeitslosigkeit." (*Meine Herrn* ..., um 1930; BFA 14, 110). Bei Brecht zog diese Erfahrung die fast völlige Entfernung der Themen Natur und Gefühle aus der Lyrik nach sich. Um 1930 lagen dichterische Zeugnisse der marxistischen Studien Brechts vor, wobei sich Brecht auf ökonomisch-politische Aspekte, nicht auf parteiorganisatorische Fragen konzentrierte: *Die*

---

15 Bertolt Brecht: *Schriften zur Literatur und Kunst.* Bd. I. Berlin, Weimar: Aufbau-Verlag, 1966, S. 71

16 Mayer, S. 324

17 Kurt Tucholsky: *Bert Brechts Hauspostille.* In: Ders.: *Lerne lachen ohne zu weinen.* Auswahl 1928 bis 1929. Hrsg. von Roland Links. Bd. 5. Berlin: Volk und Welt, 1972, S. 384

18 Christiane Bohnert: *Brecht. Rhetorische Gedichte im Spannungsfeld der Geschichte.* In: Brecht-Journal 2. Hrsg. von Jan Knopf. Frankfurt a. M.: Suhrkamp, 1986 (edition suhrkamp, Bd. 1396), S. 115

heilige Johanna der Schlachthöfe (1931) und *Die Mutter* (Urauffüh-
rung 1932). Zudem entstand die lyrische Sammlung *Lieder Gedichte Chöre* (1934). Brechts Lektor Alexander Abusch bezeichnete diese Sammlung als „eine poetisierte Dialektik, oder besser
vielleicht: dialektische Poesie"[19].

Schon vor der Machtübernahme durch die Nationalsozialisten
1933 warnte Brecht laut und deutlich und drängte auf die Einheit
der antifaschistischen Kräfte, wie es im Kehrreim des *Solidari-
tätslieds* hieß: „Vorwärts, und nie vergessen / Worin unsre Stärke
besteht. / Beim Hungern und beim Essen / Vorwärts und nicht
vergessen / Die Solidarität." (*Solidaritätslied*, 1931; BFA 14, 119).

Am 28. Februar 1933, am Tage nach dem Reichstagsbrand, ging
Brecht ins Exil. Er stand wegen seiner

Exil

Legende vom toten Soldaten auf der
schwarzen Liste der Nationalsozialisten, Helene Weigel war durch
ihre jüdische Herkunft besonders gefährdet. Der Ton von Brechts
Lyrik wurde noch schärfer und polemischer, aggressiver und re-
volutionärer.

Kurz vor Kriegsausbruch schrieb Brecht im dänischen Exil das
Gedicht *Schlechte Zeit für Lyrik*, das wie eine Programmschrift
über Inhalt und Form der antifaschistischen Dichtung erscheint,
die in Gedichten der Zeit ständig wiederkehren. Es korrespondiert mit dem Gedicht *An die Nachgeborenen* (siehe S. 95 ff. der
vorliegenden Erläuterung). In dem Dichter stritten sich „die Begeisterung über den blühenden Apfelbaum / Und das Entsetzen
über die Reden des Anstreichers. / Aber nur das zweite / Drängt
mich zum Schreibtisch" (BFA 14, 432). Die Ablehnung des Reims
bekam nun eine politische Dimension: „In meinem Lied ein
Reim / Käme mir fast vor wie Übermut." Auf Harmonie und den
hohen, auch schönen Ton muss verzichtet werden, „fast scheint
es, als verweigerte er seine lyrische Gestalt, wäre nicht der Wille

---

19   Zitiert nach ebd., S. 121

des Verfassers zu einem Gedicht dadurch erkennbar, dass er Strophen und Verse gesetzt hat"[20]. So schrieb der Lyriker Kurt Drawert (geb. 1932) in einer Interpretation. Der Lyriker Jürgen Becker (geb. 1956) verfasste den Gegenentwurf *Gute Zeiten, nicht nur für Lyrik*: Zwar fand er genügend Bedrückendes in seiner Zeit, „nichts scheint geändert, / die alten, die neuen finsteren Zeiten", aber „immerhin ... kein Fuß im Exil, kein Hals unterm Galgen"[21].

Rückkehr aus dem Exil

Einen völlig anderen Charakter bekam Brechts Lyrik nach seiner Rückkehr aus dem Exil. Er fand wieder ein Zuhause; er lobte – anfangs – die Weisheit des Volkes, in dem er lebte, die Natur fand wieder einen Platz in der Lyrik. Reime wurden wieder verwendet. Liebeslieder entstanden, die Kinder wurden mit einigen der schönsten Gedichte des Poeten angesprochen. Schönheit und Sinnenfreude waren Themen, Freundlichkeit wurde als Grundvoraussetzung des menschlichen Zusammenlebens beschrieben. Kritisches wurde benannt. Literaturkritiker behaupteten, Brecht habe nach 1945 nichts Bedeutendes mehr geschrieben, sein Schaffen sei „uninteressant geworden" und er habe „bis zu seinem Lebensende keine bedeutenden Stücke mehr und – die *Buckower Elegien* ausgenommen – kaum noch Gedichte von Rang"[22] geschrieben. Dieses Urteil erweist sich bei der Betrachtung des Werkes, von *Die Tage der Commune* (1949) über den *Hofmeister* (1950) bis zu *Turandot* in der Dramatik, von *Freiheit und Democracy* bis zu den *Neuen Kinderliedern* in der Lyrik und vielem anderen – mindestens als kaum haltbar. Darüber hinaus brachte die nach 1950 erstmals für Brecht mögliche Arbeit mit einem eigenen Ensemble und seit 1954 in einem eigenen Theater umfangreiche theoretische Schriften und die Modell-Dokumentationen hervor. Noch „bösartiger" als die Disqualifikation des Spätwerkes Brechts war die Entgleisung des

20   Kurt Drawert: *Gute Zeiten für Lyrik*. In: Reich-Ranicki, Der Mond über Soho, S. 164

21   Jürgen Becker: *Gute Zeiten, nicht nur für Lyrik*. In: Hinck, S. 65

22   Fuegi, S. 752

Außenministers Heinrich von Brentano am 9. Mai 1957 im Bundestag, „die späte Lyrik des Herrn Bert Brecht (sei) nur mit der Horst Wessels zu vergleichen"[23]. Es gab konsequenterweise von allen Seiten Widerspruch, angeführt von Brechts Verleger Peter Suhrkamp.

Brechts Dichten vollzog sich von Beginn an kollektiv. Der Freundeskreis in Augsburg – Pfanzelt, Neher, Münsterer – wurde zum ersten Beispiel. Die Freundschaften mit Arnold Bronnen und Lion Feuchtwanger, der ihn in seinem Roman *Erfolg* (1930) als Ingenieur Kaspar Pröckl porträtierte, waren immer auch Arbeitsfreund-

Arbeitsfreundschaft

schaften. Beträchtlichen Anteil an Brechts Schaffen hatten Frauen, das zeigt auch seine Lyrik: Von der *Erinnerung an die Marie A.* bis zu *Als ich nachher von dir ging*. Es waren schöpferische Frauen, die Brecht als Mitarbeiterinnen und Geliebte gewann. Er verband Erotik und Dichtung; so wie in seiner Dramatik die gemeinsame Inszenierung zum Modell wurde, galt auch in der Lyrik der Umgang des Mannes mit mehreren Frauen als Voraussetzung für Dichtung. Helene Weigel soll der gemeinsamen Tochter Barbara erklärt haben: „,Papa war treu. Nur zu Vielen.' ... So wie Brecht in der Literatur ein kollektives Moment versuchte, probte er in Liebesdingen eine neue Sozial-Variante. Dass sie selten ist, liegt auch daran, dass viele Männer bereits in der Organisation einer einzigen Partnerschaft an die Grenzen ihrer Herzenskraft gelangen."[24] Kollektives Schreiben vollzog sich mit Frauen und mit Männern; es war bereits beim jungen Brecht eine ausgeprägte Technik des Schreibens, die er fortlaufend weiterentwickelte. Die arbeitende Gemeinschaft, Liebe und Sexualität gehörten für Brecht zu den Produktivkräften des Menschen. Die zahlreichen und stets sehr intensiven Liebesverhältnisse waren nie nur ero-

---

23 Vgl. Gerhard Seidel: *Vom Kaderwelsch und vom Schmalz der Söhne McCarthys.* In: Sinn und Form, Heft 5/1980, S. 1087
24 Christian Eger: *Brecht und die Frauen.* In: Mitteldeutsche Zeitung, 17. Januar 1998

tisch angelegt, sondern bezogen die Frauen immer als Mitarbeiterinnen in seine Produktionen ein. Das galt für Elisabeth Hauptmann, Margarete Steffin, Ruth Berlau und Helene Weigel, mit der er von 1929 bis zu seinem Tod verheiratet war. Spätere Liebesbeziehungen zu den jungen Schauspielerinnen Isot Kilian und Käthe Reichel mussten sich ebenfalls mit der Ehe arrangieren.

2. Bertolt Brecht: Das lyrische Schaffen – Einführung und Interpretationen

2.1 Einführung: Würdigung des lyrischen Gesamtwerkes

Die erste Schaffensphase von 1918 bis 1922 wurde von einem umfangreichen lyrischen Werk gekennzeichnet; Umfang (ca. 250 Gedichte) und Qualität hätten ausgereicht, „dem Dichter einen bleibenden Platz in der deutschen Literatur zu sichern"[25]. Die Gedichte der *Hauspostille* waren rebellisch, abenteuerlich, provozierend und wild; ihre Nähe zu Frank Wedekind und Villon wurde von Brecht nie bestritten. Die *Bibel* wurde für ihn ein wichtiges und bevorzugtes „Material", das er 1928 auch als stärksten Bucheindruck angab.[26] Aber die frühen Gedichte waren nicht auf eine gesellschaftliche Veränderung ausgerichtet. So provozierten sie einerseits zwar den Bürger, verschafften ihm aber andererseits auch den wohligen Schauder des Entsetzlichen: Erotik und Exotik in ihrer deutlichsten Gestalt. Seine Gedichte aus dieser Zeit weisen Zeichen der expressionistischen Lyrik auf, ohne dass Brecht jemals ein expressionistischer Dichter war. Gleiches

Zeichen der expressionistischen Lyrik

gilt für die Dramen dieser Zeit. Die entscheidenden Unterschiede zum Expressionismus waren die scharfe politische Demaskierung des wilhelminischen Machtapparates (*Legende vom toten Soldaten*) unter der deutlichen Verwendung ironischer, satirischer und sarkastischer Mittel, ferner das wilde Leben in der freien Natur unter einem blauen Himmel mit Wolken, eine unverbaute Landschaft frei vom „Dickicht" und Asphalt der Städte, sowie das

---

25   Knopf, *Bertolt Brecht*, S. 486
26   Völker, S. 12, 421

Bekenntnis zu den volkstümlichen Formen der Dichtung (Bänkelsang, Moritat). Dort, wo seine Dichtung mit expressionistischen Bildern übereinstimmte, etwa in der Zusammenstellung seiner Figurenensembles aus Huren, Asozialen und Kriminellen, ging diese Aufmerksamkeit bereits auf die Naturalisten zurück, mit denen sich Brecht immer beschäftigte und mit denen er in späterer Zeit zunehmend sympathisierte. Im Naturalismus sah er „bei allen Mängeln doch den Durchbruch des Realismus in der modernen Literatur und auf dem modernen Theater"[27]. Er führte seine Dichtung direkt auf den Naturalismus zurück.

Brechts Lyrik und Ästhetik ist in den zwanziger Jahren „anderen Vertretern der frühen Moderne wie Benn oder Eliot nicht unähnlich, in weiten Strecken eine Ästhetik des Hässlichen und der Dissonanz, ,an der Grenze zum Absurden', wie Brecht selbst mit Blick auf ,Trommeln in der Nacht' sagt; eine Ästhetik, für die Ironie und Parodie konstitutiv sind"[28].

Ästhetik des Hässlichen

Die Ästhetik des Hässlichen, die auch deutsche und französische Naturalisten entwickelten, hatte Baudelaire mit seiner „poésie de la laideur" populär gemacht und Aufsehen erregt. Arthur Rimbaud bediente sich des neuen Stils und wirkte damit auch auf den jungen Brecht. Der folgte ihm fast bedingungslos und bediente sich in dessem Werk:

> *Ich wälze den Rimbaud-Band, und mache einige Anleihen. Wie glühend dies alles ist! Leuchtendes Papier! Und er hat Schultern von Erz! – Immer, wenn ich arbeite, wenn die Lava fließt, sehe ich das Abendland in düstern Feuern und glaube an seine Vitalität.*[29]

---

27 Bertolt Brecht: *„Katzgraben"-Notate*. In: Ders.: Schriften zum Theater. Bd. VII. Berlin, Weimar: Aufbau-Verlag, 1964, S. 86
28 Thomas Metscher: *Brecht und die hohe Kunst des Einfachen*. In: Marxistische Blätter, Heft 1/2007, S. 19
29 Brecht, *Tagebücher*, S. 149 (Oktober 1921)

Brechts lyrisches Werk ist vielseitig und unterschiedlich; selbst „pornografische" Sonette finden sich: Die beiden bekanntesten, *Über die Verführung von Engeln* und *Sauna und Beischlaf*, entstanden 1948 in Zürich – Brecht unterzeichnete sie provozierend mit „Thomas Mann". Dahinter verbirgt sich zum einen der grundsätzliche Unterschied beider Schriftsteller, zum anderen ein komplizierter Prozess über die Einschätzung der deutschen Schuld am Faschismus. Während Brecht – wie auch seine Freunde Feuchtwanger, Heinrich Mann, Ludwig Marcuse u. a. – zwischen dem Hitlerregime einerseits sowie seinen Befürwortern und dem deutschen Volk andererseits differenzierten, galt Thomas Manns Ablehnung dem ganzen deutschen Volk. Er hoffte, dass „,die alliierten deutschland zehn oder zwanzig jahre lang züchtigen'"[30]. Aber schon gegen Thomas Manns Roman *Der Zauberberg* hatte Brecht starke Vorbehalte und hielt ihn für „bourgeoise Augenauswischerei"[31], die vom Klassenkampf ablenke.

Trotz der Vielfältigkeit legte Brecht großen Wert auf die Einheit seines lyrischen Gesamtwerkes: „... Ein lyrisches Gesamtwerk muß eine (innere) Geschichte haben, die in Harmonie oder Kontrast stehen mag zur äußeren Geschichte."[32] Zwar gebe es Phasen in seinem Schaffen wie bei Malern, aber seine Gedichte, die er den *Versuchen* zuordnete – da er seine Texte immer als Zwischenstadien auf dem Wege zur Umsetzung für das und mit dem Publikum sah, bezeichnete er sie als *Versuche* und veröffentlichte sie in so genannten Bänden –, hätten bei aller Unterschiedlichkeit untereinander eine Beziehung.

Sucht man diese Beziehung der Gedichte, findet man zum einen als Bindeglied den sozialen Charakter der Themen, wodurch etwa Naturgedichte zurückgedrängt und schließlich ausgeschlossen

> Einheit seines lyrischen Gesamtwerkes

---

30 Zitiert nach Hartung, S. 43, dort findet sich auch eine detaillierte Darstellung der Beziehung beider Schriftsteller.
31 Mayer, S. 279
32 Bertolt Brecht: *Das lyrische Gesamtwerk*. In: Ders., Über Lyrik, S. 147

werden. Zum anderen ist der Drang nach volkstümlich neuer und provozierender Handlungsaufforderung auffällig, die von den Gedichten ausgeht. Sie wendet sich an „aufmerksame Leser"[33], wie Brecht dem Herausgeber seiner *Hundert Gedichte* (1951), Wieland Herzfelde, schrieb. Herzfelde hatte als Inhaber des Malik-Verlages 1939 die *Svendborger Gedichte* veröffentlicht. Bei der Bestimmung seiner Lyrik unterschied Brecht in der Zeit nach Goethe, bei dem noch „die schöne widersprüchliche einheit" der Lyrik gewahrt worden sei, zwei Linien:

> *HEINE nimmt die völlig profane, HÖLDERLIN die völlig pontifikale linie. in der ersten linie verlottert die sprache in der folge immer mehr, da die natürlichkeit durch kleine verstöße gegen die form erreicht werden soll ... die pontifikale linie wird bei GEORGE unter der maske der verachtung der politik ganz offen konterrevolutionär.*[34]

Es war die Unterscheidung zwischen einer dem hohen und einer dem heiteren, unterhaltenden Ton verpflichteten Lyrik. Er selbst sah sich als Lyriker, der beide Linien wieder vereinigt hatte. Der junge Brecht hatte eine Vorliebe für Bänkelsang, Moritaten und Balladen; der ältere pflegte die Lehrgedichte und hymnischen Poesien. Als Jugendlicher verehrte er Frank Wedekind, an seiner Seite Villon, Georg Büchner – der vielleicht auch zum Medizinstudium motivierte – und Karl Valentin. Arthur Rimbauds Gedichte beeindruckten ihn mit ihren aufbegehrenden Abenteurern, Seeleuten (*Das trunkene Schiff,* die „gehobene Prosa ... in seinem *Sommer in der Hölle*"[35] – „Ein Aufenthalt in der Hölle"[36]) und Heroen, mit lei-

---

33 Bertolt Brecht: *Brief an den Herausgeber des Auswahlbandes „Hundert Gedichte".* In: Ders., Über Lyrik, S. 150

34 Brecht, *Arbeitsjournal,* S. 103 f. (22. 8. 1940)

35 Brecht, *Über Lyrik,* S. 98

36 Die Gestalt des Garga in Brechts *Im Dickicht der Städte* (1921–24) trägt die Züge Rimbauds und nennt das Buch Rimbauds *Une saison en enfer* (Ein Aufenthalt in der Hölle, Sommer in der Hölle) als sein Lieblingsbuch.

denschaftlichem Lebensanspruch und zügelloser Liebe. Er nahm wie in seinem Gedicht *Von den verführten Mädchen* (1920, *Hauspostille*), um das sich mehrere ähnliche Gedichte gruppierten, berühmte Themen auf: die Ophelia aus Shakespeares *Hamlet*, die er in Rimbauds *Ophéle* im Gedicht wiederfand.[37] Brecht hatte früh ein enges Verhältnis zu volksnahen Dichtungen und Themen; er begeisterte sich auch für triviale Schlager und Lieder zur Klampfe, die Themen wie gefallene, verführte, ertrunkene Mädchen verarbeiteten. Dem älteren Brecht wurde die Sprache Hölderlins, insbesondere Hölderlins Übersetzung der *Antigone* des Sophokles, zu einer Art poetischer Erweckung; ähnlich erging es ihm mit Goethes *Faust*.[38]

Im Jahr seiner *Hauspostille* (1927) interessierte sich Brecht nicht „besonders für Lyrik"[39]. Ihn interessierten nur Gedichte, die nachweislich einen Gebrauchswert, „Nützliches" hätten, was bei berühmter Lyrik

Gebrauchswert

– er meinte die zu dieser Zeit sehr bekannten und überall zitierten Dichter Rilke, George und Werfel – meist nicht der Fall sei. Das war nicht marxistisch, sondern lediglich aufsässig gegenüber einer in sich selbst ruhenden Bürgerlichkeit gedacht. Danach konkretisierte sich der Gebrauchswert für Brecht: Seine Gedichte sollten eine unmittelbare politische Wirkung haben. Besonders nach 1933 wurde das zum wichtigsten Bewertungskriterium für Lyrik; die Schlichtheit der Formen sollte vielfältige Sangbarkeit und Rezitierbarkeit gewährleisten. Das hieß für den Lyriker aber auch, sich möglichst nützlich zu machen. Dieser Gedanke hatte Brecht bereits bei seiner ersten wichtigen Äußerung über Lyrik bewegt, als er als Juror eines Preisausschreibens keinem der 400 Bewerber einen Preis zuerkennen wollte.[40] In dem zyklischen

---

37 Arthur Rimbaud: *Ophéle (Ophelia)*. In: Ders.: Sämtliche Werke. Leipzig: Insel, 1976, S. 28 ff.
38 Vgl. Mayer, S. 162
39 Brecht, *Über Lyrik*, S. 8
40 Bertolt Brecht: *Kurzer Bericht über 400 (vierhundert) junge Lyriker* (1927). In: Ders., Über Lyrik, S. 7 ff.

Versuch *Aus dem Lesebuch für Städtebewohner* (1926, gedruckt 1930) setzte sich Brecht einmal mit der Großstadtlyrik des Expressionismus auseinander und entwickelte für die neuen poetischen Stoffe eine neue Poesie. Das war kein Einzelfall, denn Kurt Tucholsky und Erich Kästner versuchten Ähnliches. Durch das Erlebnis Berlins verlangte es Brecht nach einer nüchternen, kühlen und scheinbar neutralen Sprache: „Was immer du sagst, sag es nicht zweimal / Findest du deinen Gedanken bei einem andern: verleugne ihn." (*Aus dem Handbuch für Städtebewohner*, V. 19 f.; BFA 11, 157) Seine Absicht war, als Dichter eine entschieden antibürgerliche Stellung zu beziehen, von der aus er auch bürgerliche Dichtungstraditionen angreifen, zerstören oder widerlegen konnte. Im *Lesebuch* gibt es dafür beeindruckende Beispiele: „Laßt nur eure Hoffnungen fahren ..." (BFA 11, 163) überträgt Dantes Inschrift über dem Eingang zur Hölle aus der *Göttlichen Komödie* (Inferno III, 9) in die Gegenwart Brechts. Für Brecht war das Gedicht ein Medium der Kommunikation, keine monologische Kunst der Einsamkeit, wie es zahlreiche bürgerliche Lyriker verkündeten, etwa Gottfried Benn oder Rainer Maria Rilke. Kommunikation hieß aber auch Kampflied; in Brechts Lyrik finden sich zahlreiche begeisternde Kampflieder, die ein Massenpublikum gefunden haben: *Solidaritätslied* – es wurde 1932 eines der bekanntesten Kampflieder Brechts und im spanischen Bürgerkrieg gesungen –, *Resolution* und *Einheitsfrontlied* aus den *Svendborger Gedichten*, das *Aufbaulied der FDJ* (1948) waren die ersten Lieder Brechts, die er nach seiner Rückkehr nach Europa schrieb, und anderes. Brechts Dichtung war eine Dichtung, die nur mit Publikum realisiert werden konnte. Insofern war Brechts Lyrik durchaus der Dramatik verwandt, die auch den mitschaffenden Zuschauer suchte.

entschieden antibürgerliche Stellung

Publikum

Der Übergang vom Song der Frühzeit zum politischen Massenlied vollzog sich im *Solidaritätslied*. Das Lied gehörte in seiner ersten Fassung in den Film *Kuhle Wampe oder Wem gehört die Welt*. Dort wird es mehrmals gesungen und gibt den Grundgestus des Films an, hat aber noch seinen Song-Charakter. Als gegen Ende des Films die Solidarität über die Filmhandlung hinaus auf den Zuschauer übertragen wird, bekommt das Lied seinen Massenliedcharakter. Die Zensoren des Films erkannten die Gefährlichkeit des Lieds und verboten ihn [41]

Die lyrischen Ansichten Brechts wirkten sich auf die Sprache aus. Im Gegensatz zur modernen bürgerlichen Lyrik, für die der Riss zwischen Dichtungssprache und Sprache als Verständigungsmittel zu einem wichtigen Thema wurde, ging Brecht davon aus, dass Lyrik verständlich sein müsse, um eine schnelle Kommunikation zwischen Dichter und Hörer, aber auch von Hörer

> Kommunikation zwischen Dichter und Hörer

zu Hörer zu gewährleisten. Deshalb hatte Brecht auch Vorbehalte gegen den Reim, in dem er ein erstes Zeichen zur Hermetisierung der Lyrik sah. In einem seiner berühmtesten Aufsätze zur Lyrik, *Über reimlose Lyrik mit unregelmäßigen Rhythmen* (1938), formulierte er:

> *Der Reim schien mir nicht angebracht, da er dem Gedicht leicht etwas In-sich-Geschlossenes, am Ohr Vorübergehendes verleiht. Regelmäßige Rhythmen mit ihrem gleichmäßigen Fall haken sich ebenfalls nicht genügend ein und verlangen Umschreibungen, viele aktuelle Ausdrücke gehen nicht hinein: der Tonfall der direkten, momentanen Rede war nötig.* [42]

Brechts lyrisches Gesamtwerk wird der modernen Poesie zugerechnet. Einer der Namen zur historischen Orientierung ist Walt Whitman (1819–1892); seine Sammlung *Grashalme* (1855) war

---

41 Zimmermann, S. 183
42 Brecht, *Über Lyrik*, S. 108

bereits naturalistischen Dichtern wie Johannes Schlaf, Peter Hille und Bruno Wille ein Losungswort. In Brechts erstem Stück *Baal* (1918) werden von einer jungen Dame Baals Gedichte mit denen Verlaines, Verhaerens und Walt Whitmans verglichen. Whitmans Gedichte haben mehrere Gemeinsamkeiten mit denen Brechts: Sie verwenden einen ähnlichen Berichtston und haben Chronikcharakter („Einst kam ich durch eine volkreiche Stadt ..."[43]), sie setzen den Gestus des Zeigens ein („Wie Adam, früh am Morgen / Ausgehend von der Hütte ...") und einige wirken wie Vorlagen für Brechts autobiografische Gedichte („Duftendes Gras meiner Brust"), mit denen sie auch den Drang zur Maskierung und immer neuen Rolle gemeinsam haben.

Brecht fand bei diesen Dichtern das Technikinteresse, die Zerstörung erstarrter ethischer Normen, anarchisch-revolutionären Geist und den Angriff auf spießige Bürgerlichkeit. Diese Aspekte wurden zentrale Themen seiner frühen Lyrik, manche blieben es

Baal

lebenslang. Baal, ein Lyriker, wurde Brechts erster Repräsentant dieses Literaturverständnisses: Sein übersteigertes Ich setzte sich „gegen die Zumutungen und Entmutigungen einer Welt, die nicht eine ausnutzbare, sondern nur eine ausbeutbare Produktivität anerkennt"[44], zur Wehr. Die ökonomisch-politischen Begriffe bei der Beschreibung von Kunst gehören zu Brechts Verständnis von Wirksamkeit der Literatur, damit auch von Lyrik. Obwohl Brecht bemerkenswerte Liebeslyrik und Naturlyrik geschrieben hat, ist ihr herausragendes Kennzeichen ihre politische Akzentuierung. Das wird vor allem in den Liebesgedichten deutlich. Jene aus der Zeit um 1920 – auffallend durch das provozierende Ich – konfrontieren eine käufliche Erotik mit erstorbener Liebe, eine brutal fordernde Sexualität mit abhanden gekommener Zärtlichkeit. Das schloss nicht aus, dass Brecht für sein lyrisches Subjekt die for-

---

43 Walt Whitman: *Salut au monde*. Berlin: Suhrkamp, 1946, S. 28 f., 32
44 Brecht, *Stücke*, Bd. 1, S. 8

dernde Sexualität und eine fast animalische Erotik in Anspruch nahm. Brechts Lyrik orientierte sich an zwei Positionen: Dem, wie es sich bei allen Vertretern der Moderne findet, Bekenntnis zu einer neuartigen Dichtungstheorie und dem Grundsatz, sich von traditionellen Mustern, besonders von denen der deutschen Klassik, nicht bestimmen oder einzwängen zu lassen.

Mit dem Beginn des Exils änderte sich Brechts Dichtung; der Kampf gegen den **Beginn des Exils** Faschismus stand nun im Vordergrund. Auch die literarischen Vorbilder wurden ergänzt. Nun war ein Kriterium, wie Dichter mit Heimatverlust und Heimatlosigkeit umgegangen waren. In den *Svendborger Gedichten* suchte er mit diesen Künstlern das Gespräch (*Besuch bei den verbannten Dichtern*) und führte sie namentlich – die Liste ist mit der des genannten Textes identisch – in dem schönen Poem *Die Auswanderung der Dichter* auf: Homer und Dante, Li-Po und Tu-Fu, Euripides und Shakespeare, Villon und Lukrez, „So Heine und so auch floh / Brecht unter das dänische Strohdach". Sie alle wurden in einer Art lyrischem Pantheon unter dem „dänische(n) Strohdach" versammelt (1934, BFA 14, 256). Dies ist eine der wenigen Stellen in Brechts Werk, wo er den direkten Bezug zu Heine sucht, mit dem ihn sonst kaum etwas verband. Heine war für Brecht der Beginn der profanen Lyriklinie, einer Lyrik also, die auf den hohen Ton verzichtet; allerdings sei Heines Dichtung sprachlich noch nicht so verlottert, wie es „in der folge immer mehr"[45] der Fall gewesen sei.

In der Lyrik nahmen mit dem Beginn des Exils der agitatorische Sprechcha- **der agitatorische Sprechcharakter** rakter der Gedichte und die politische argumentative Genauigkeit zu. Folgende Aspekte wurden wichtig:

---

45   Brecht, *Arbeitsjournal*, S. 103

► Sachlichkeit[46] (über Rosa Luxemburg: „Weil sie den Armen die Wahrheit gesagt / Haben die Reichen sie aus der Welt gejagt.“; BFA 11, 205)

► fast spröde wirkendes Dokumentarisches („Und die da Hunger hatten / Marschierten matt und bleich / Zusammen mit den Satten / In irgendein drittes Reich.“; BFA 11, 209)

► scharfe sprachliche Zuspitzung bei höchster Vereinfachung und umgangssprachlichen Versatzstücken („Der Anstreicher Hitler / Hatte bis auf Farbe nichts studiert / Und als man ihn nun eben ran ließ / Da hat er alles angeschmiert. / Ganz Deutschland hat er angeschmiert.“; BFA 11, 215)

► rigorose Bilder („Befiehl du deine Wege / O Kalb, so oft verletzt / Der allertreusten Pflege / Des, der das Messer wetzt!“; BFA 11, 219)

1939 erschienen die *Svendborger Gedichte*, die Dokumente des Exils und Kampfdichtung (Deutsche Kriegsfibel) sein wollten. Das politische Geschehen in Deutschland, zum Beispiel die Rassengesetze, wurde dokumentarisch genau verfolgt („In Nürnberg machten sie ein Gesetz ...“; BFA 12, 16), dennoch wurden lyrische Mittel beibehalten und dafür eingesetzt (*Ballade von der Judenhure Marie Sanders*; BFA 12, 16 f.).

In den Gedichten nach 1945 – den *Neuen Kinderliedern*, *Vier Liebesliedern* und *Buckower Elegien* – kommt

ein neuer Ton

ein neuer Ton in Brechts Lyrik: Zum einen wird nun die Natur wieder Thema der Dichtung, oft als Gleichnis für den Menschen. Diese war wegen der politischen Bedingungen von Brecht bislang ausgeklammert worden. Zum anderen zeigen die Menschen, die in den späten Gedichten vorkommen, sogar die seit der frühesten Lyrik verketzerten Gefühle

---

46 Die folgenden Beispiele stammen aus der Sammlung *Lieder Gedichte Chöre* (1934), die Brecht demonstrativ mit der *Legende vom toten Soldaten* eröffnete, die ihn auf die „schwarze Liste“ der Faschisten gebracht hatte.

und setzen nicht nur den Verstand ein. In den Gedichten dominieren Farben wie grün, Hoffnungssymbole und Lebenszeichen wie Rauch. Statt der Verpflichtung auf gedankliche Kühle geben diese Gedichte Raum für die Vorstellung eines schönen Lebens. Etwa die dritte Strophe des Gedichts *Als ich nachher von dir ging ...* und Gedichte wie *Der Blumengarten* (siehe S. 137 ff., 145 ff. der vorliegenden Erläuterung) waren zuvor undenkbar.

Insgesamt blieb Brecht immer auf Distanz zu zeitgenössischen Strömungen und Modernitäten; in seinen umfangreichen theoretischen Überlegungen nahm er zu manchen dieser Strömungen keine Stellung und erweckte den Eindruck, als beschränkte er sich vollkommen auf eigenes Erleben. Damit bewahrte er sich eine eigenständige Position, die zu einer neuartigen Dichtung führte – eine Dichtung, die inzwischen durch zahlreiche Schüler selbst zu einer bedeutenden literarischen Strömung geworden ist.

2.2 Besonderheiten der Lyrik Bertolt Brechts

Die entscheidende Besonderheit der Lyrik Brechts wird von der ästhetischen Grundkategorie der Einfachheit bestimmt. Von ihr aus ist alles zu erschließen; zuerst aber ist sie, wie bei jeder dialektischen Bestimmung, aus der Negation zu erklären: Brecht selbst hat schwierige gesellschaftliche und politische Entwicklungen stets zum Einfachen erklärt, das schwer zu machen sei. Am bekanntesten wurden seine Verse aus dem Gedicht *Lob des Kommunismus*: „Er ist das Einfache / Das schwer zu machen ist." (*Lieder Gedichte Chöre*; BFA 11, 234). Rimbaud hatte diese Formulierung in einer bitteren Kritik an Napoleon verwendet: „Statt den Kommunismus zu organisieren – eine einfache Sache, weil das Eigentum de facto nicht mehr da war, noch weniger aber moralisch und legal existierte – errichtete er eine Gesellschaft neu, die ungerechter war als die alte."[47] Aus dem

Drang nach Einfachheit

Drang nach Einfachheit entstand eine auffallende Erscheinung bei Brecht: Seine Lyrik bekam zunehmend epischen, das heißt berichtenden Charakter; das lyrische Subjekt erschien oft auch als ein epischer Erzähler. Das war in den frühen Moritaten und Bänkelsängen der gewählten Form geschuldet: In den *Chroniken*, der 3. Lektion der *Hauspostille*, wurde ein episches Element in die Lyrik übernommen, denn Chroniken sind ihrer Herkunft nach Berichte. Dadurch kam es zu ausgewiesenen lyrischen Abschnitten in den Chroniken: Am bekanntesten wurde der Gesang der Seeräuber „O Himmel strahlender Azur" aus der *Ballade von den Seeräubern* (BFA 11, 85 ff.). Hans Mayer stellte zuerst fest, dass in den Gedichten „mit Vorliebe distanzierende Wendungen wie ‚wir hören' oder ‚dachte ich' oder

---

47   Maurice Choury: *Rimbaud – der erleuchtete Kommunarde.* In: Arthur Rimbaud: Sämtliche Werke. Französisch und Deutsch. Leipzig: Insel, 1976, S. 423

‚fragte ich mich' und dergleichen"[48] auf den Berichtscharakter der Lyrik Brechts hinweisen.

Viele Gedichte Brechts erscheinen auf den ersten Blick schlicht, fast simpel, entsprechen nicht der traditionellen Vorstellung von einem Gedicht, weisen selten klangliche und rhythmische Vollkommenheit aus. Gedichte Brechts sperren sich gegen tradierte Schönheitsvorstellungen und scheinen kaum metaphorische Deutungsangebote zu machen. Sie erweisen sich als bewusst kalkulierte sprachliche Kunstwerke, bis in den letzten Buchstaben durchdacht, kompositorisch über einfache Anlagen zu komplizierten Strukturen und Beziehungen führend, präzise und eindeutige Ausdrücke in gesicherten Wortfeldern verwendend, immer mit einem demonstrativen Zug des Zeigens versehen. Im scheinbar unauffälligen Text hohe Komplexität anbietend muss der Leser geistige Anstrengung unternehmen, um hinter dem unscheinbaren Text das literarische Kunstwerk zu entdecken. Brechts Lyrik war von Beginn an – und das gilt für die gesamte Dichtung – ein Ergebnis gemeinsamen Produzierens. Bei Brechts Dichtungen ist deshalb ein belehrend-lehrhafter Zug mitzuden-

> Ergebnis gemeinsamen Produzierens

ken, der durch die vielfach verwendeten Begriffe „Lehrstück" und „Lehrgedicht" signalisiert wird. Die Belehrung bezieht sich auf den Schaffensakt selbst. In den Lehrstücken galt die Belehrung zuerst den Schauspielern, dann erst dem Publikum, was im Sinne des Mitproduzierens in die Lehrstücke einbezogen werden sollte. Wer begabt war und sich in Brechts Wirkungskreis aufhielt, wurde konsequent in die Schaffensprozesse einbezogen.

Für Brecht waren formale Neuerungen eine notwendige Voraussetzung, um den Widerspruch zwischen seinem Anspruch an Dichtung und den zur Verfügung stehenden traditionellen Mitteln zu lösen. Das bedeutete für die Lyrik, emotional gefärbte Me-

---

48   Mayer, S. 326

taphern, klangschöne Formulierungen und geschliffene Formen abzulösen beziehungsweise sie alternativ einzusetzen. Lyrik unterlag für Brecht einem „Gebrauchswert". Darin war auch Menschenbildung eingeschlossen. Sie vollzog sich jedoch nicht über eine schnelle Übereinstimmung, sondern aus der Begegnung mit etwas Ungewohntem. Daraus sollten sich Auseinandersetzung und endlich ein Lernprozess ergeben.

Dialektik

Ehe die poetischen Besonderheiten der Dichtung Brechts beschrieben werden, ist ein philosophisches Kennzeichen dieser Lyrik zu erwähnen: Sie erhält ihren Charakter durch die poetisch umgesetzte Dialektik, die den einzelnen Dichtungen oft einen ausgesprochen didaktischen, lehrhaften Zug verleiht. In seinen letzten Lebensjahren war „Dialektik" Brechts Lieblingswort, und

Lehre von der Einheit der Widersprüche

er bemühte sich nochmals intensiv darum, die Lehre von der Einheit der Widersprüche zu durchdringen.[49] Schließlich wurde sogar das „epische Theater" in „dialektisches Theater" umbenannt. Das Moment der Bewegung und der damit verbundenen ständigen Veränderung wurde zum entscheidenden Denkinhalt. Jeder Moment der Ruhe war bedrückend (*Der Radwechsel*).

Auch in zahlreichen Aufsätzen hat sich Brecht mit der Dialektik beschäftigt, ein Musterbeispiel war für ihn der Refrain der *Internationale* („Völker hört die Signale ...").[50] Titel dramatischer Werke wie *Der Jasager und der Neinsager* (1930), *Die Ausnahme und die Regel* (1938) und *Die Rundköpfe und die Spitzköpfe* (1936) sind dialektisch formuliert. In Verszeilen wie „Anmut sparet nicht noch Mühe / Leidenschaft nicht noch Verstand" (*Kinderhymne*, 1950;

---

49   Vgl. ebd., S. 98
50   Bertolt Brecht: *Die Dialektik*. In: Ders., Über Lyrik, S. 30

siehe S. 127 ff. der vorliegenden Erläuterung) ist es ähnlich. Titel wie *Die Dreigroschenoper* (1928) signalisieren eine dialektische Beziehung ebenso – die Formel für Billiges und Unangenehmes („drei Groschen" und „Dreigroschenjunge") wird mit dem seriös-anspruchsvollen Begriff der Oper zusammengeführt – wie *Drei-groschenroman* (1934), der eben kein trivialer Dreigroschenroman sein will.

Was bedeutet der nachdrückliche Einbezug der Dialektik für Brechts Dichtung? Brechts Vorliebe gehörte dialektischen Grundthemen, in denen sich gegenseitig bedingte Haltungen, Vorstellungen oder Vorgänge erklären und in einem Prozess be-findlich erscheinen. Zentrum der Überlegungen war die Erkennt-nis, die Welt als veränderbar zu begreifen und dafür den subjek-tiven Faktor der Menschen einzusetzen. Bewegungen aller Art waren für Brecht ein entscheidendes Thema. Er hatte eine beson-dere Begabung und eine ausgesprochene Neigung für dialek-tisches Denken und studierte deshalb intensiv den Marxismus. Dadurch er-

Marxismus

klärte sich auch seine Vorliebe für Lehrgedichte, neben den zahl-reichen Lehrstücken, und für programmatische Dichtungen: 1945 begann er das *Kommunistische Manifest* „in der Art des lukrezi-schen Lehrgedichts"[51] zu versifizieren (*Das Manifest*, 1945); er ar-beitete daran viele Jahre. 1926 hatte er *Das Kapital* von Karl Marx gelesen: „Anfang der dreißiger Jahre galt er als ein belesener Marxist."[52] Emotionen wurden in Brechts Dichtung zurückge-drängt; oft wurden sie durch vernunftbezogene Erfahrungen erin-nerbar gehalten (die Wolken in *Erinnerung an die Marie A.*). Beför-dert wurde dieses Denken durch Brechts lebenslange Freundschaft mit dem promovierten Rechtswissenschaftler und Philosophen Karl Korsch, mit dem er von 1933 bis 1939 zusammenarbeitete. Während allerdings Korsch, der aus der KPD ausgeschlossen

---

51   Bertolt Brecht: *Zum „Manifest"*. In: Ders., Über Lyrik, S. 116
52   Mittenzwei, Bd. 1, S. 404

worden war, die Dialektik als überholt verwerfen wollte – stammte sie doch noch aus einer bürgerlichen, nämlich der Hegel'schen Philosophie – so nutzte Brecht die Dialektik zur Ausbildung seiner kunststrategischen Ziele.

In die Sammlung *Lieder Gedichte Chöre* (1934) nahm Brecht das Gedicht *Lob der Dialektik* auf, das dialektisches Denken in den Dienst des revolutionären Kampfes gegen Unterdrückung stellt. Es wurde zum Teil von Pelagea Wlassowa am Ende von Brechts Dramatisierung des Romans *Die Mutter* von Maxim Gorki gesprochen. Brecht brachte seine Auffassung von Dialektik auf die beiden Kernsätze, die im Zentrum des Gedichts stehen: „Das Sichere ist nicht sicher. / So, wie es ist, bleibt es nicht." (V. 10 f.; BFA 11, 238). Für Brecht erklärte die Dialektik auch den Zusammenhang von Siegen und Niederlagen, von Hoffen und Verzweifeln: „Und aus Niemals wird: Heute noch!" (V. 21)

Dialektik wurde „zur Struktur des Gedichts. ... Es gliedert sich ... in drei Phasen. Im ersten Abschnitt dominieren die Kräfte des Klassengegners, die Arbeiter dagegen wollen verzagen und zweifeln daran, ob bei solch einer drückenden Überlegenheit des Klassenfeindes ihre Anstrengungen Erfolg haben werden."[53] Die zweite Phase, beginnend mit „Wer noch lebt, sage nicht: niemals!" (V. 10), negiert die Behauptungen der ersten Phase und geht in der dritten Phase auf, in der die proletarische Gegenkraft erscheint, „die schließlich zur dominierenden Seite des Widerspruchs wird"[54]. Die Verse „An wem liegt es, wenn die Unterdrückung bleibt? An uns. / An wem liegt es, wenn sie zerbrochen wird? Ebenfalls an uns." (V. 15 f.) leiten diese dritte Phase ein. An ihrem Ende stehen imperativisch zugespitzte Aufforderungen mit dem Vers: „Wer verloren ist, kämpfe!" (V. 18) und dem Ergebnis: „Denn die Besiegten von heute sind die Sieger von morgen." (V. 20)

---

53 Schuhmann, *Der Lyriker Bertolt Brecht*, S. 258
54 Ebd., S. 259

In der Struktur der Gedichte finden sich metaphorische Umsetzungen der Dialektik; das wird vor allem in Wiederholungen deutlich, die unterschiedliche Akzente oder Zuordnungen erfahren. Rhetorische Figuren wie Anapher (Wiederholungen eines oder mehrerer Wörter am Beginn von Sätzen oder Versen, zum Beispiel „An … / An … " („An wem liegt es?")) und Epipher (Wiederholungen eines oder mehrerer Wörter am Ende von Sätzen oder Versen, zum Beispiel „… uns /… uns." („An uns.")), auch im *Lob der Dialektik* (BFA 11, 237 f.), wurden dafür eingesetzt. Auffallend ist, dass Literaturwissenschaftler, die sich für die Lyrik Brechts begeistern, oft selbst in einen dialektisch anmutenden Stil verfielen, indem sie polare Setzungen reihten:

> *Mit feinem Gefühl für Wort und Rhythmus, Anmut und Zartheit, für schwebenden Vers und wechselndes Tempo, für das wahrhaft Dichterische, hat er sich stets bemüht, so klar und hell und einfach zu sein, wie das Thema es zuließ.*[55]

Gestus

Bestimmte die Dialektik die Struktur der Gedichte, so beschrieb der Gestus – eine Wortschöpfung Brechts und nicht zu verwechseln mit „Gestik" – den Charakter des Gedichts und regelte die Ausgestaltung des Textes gegenüber dem Partner, das waren Publikum und Sprecher. Ursprünglich gehört der Begriff „Gestus" zu Brechts Theatertheorie und gilt für seine Stücke „ … ich dachte immer an das Sprechen. Und ich hatte mir für das Sprechen (sei es der Prosa oder des Verses) eine bestimmte Technik erarbeitet. Ich nannte sie gestisch."[56] Herausgebildet hatten sich Gestus

---

55 Fischer, S. 296
56 Bertolt Brecht: *Über reimlose Lyrik mit unregelmäßigen Rhythmen* (1938. In: Ders., Über Lyrik, S. 101

und Gestisches in Brechts Ästhetik in den zwanziger Jahren unter dem Einfluss ostasiatischer Kunst, der für Brecht folgenreich war.[57] Auch in anderen Bereichen der bildenden Kunst fanden Brecht und seine Freunde Gestisches: Ein Bild Liebermanns, „das Gestische dieses Bildes, die sichtliche Anstrengung, mit der die alte Frau die widerstrebende Ziege nachzerrt, rief Brechts Bewunderung hervor"[58]. Die Absicht war, der individuellen Erscheinung des Menschen den sozialen Charakter mitzugeben. Während der Expressionismusdebatte (siehe S. 116 ff. der vorliegenden Erläuterung) griff Brecht auf chinesische Gedichte zurück, um den von Georg Lukács propagierten Vorbildern andere entgegenzusetzen. Die aphoristisch zugespitzten chinesischen Gedichte entsprachen

Knappheit, Klarheit und Genauigkeit

Brechts Drang nach Knappheit, Klarheit und Genauigkeit. Als er 1950 diese Übersetzungen nochmals ordnete und mit Erweiterungen die *Anmerkungen* von 1938[59] hinzufügte, verwies er auf die Sage, der chinesische Dichter habe viele der Gedichte „einem alten Bauernweib vorgelesen, um festzustellen, wie verständlich sie waren"[60]. Dies veranschaulicht, wie der Gestus in der Lyrik eingesetzt wurde: Gedichte mussten gesprochen werden und stellten dabei eine Beziehung zwischen Menschen her. Brecht verstand unter dem Gestus die bewusst eingesetzten Mit-

Gesten, Mimik, Aussageton, Klangfarbe

tel eines Sprechers vor einem Publikum, etwa Gesten, Mimik, Aussageton, Klangfarbe. Diese Mittel sollten dem sozialen Status des Sprechers angepasst sein. Das gestische Element wird

---

57 Vgl. dazu Albrecht Kloepfer: *Poetik der Distanz*. Ostasien und ostasiatischer Gestus im lyrischen Werk Bertolt Brechts. München: iudicium, 1997

58 Hanns Otto Münsterer: *Bert Brecht*. Erinnerungen aus den Jahren 1917–1922. Berlin, Weimar: Aufbau-Verlag, 1966, S. 39. Es handelt sich um Max Liebermanns „Frau mit Geißen in den Dünen" (1890) in der Neuen Pinakothek (München).

59 Die *Anmerkungen zu den Chinesischen Gedichten* erschienen zuerst 1938 in der Zeitschrift *Das Wort*, womit sie deutlich zum Umfeld der Expressionismusdebatte gehören.

60 Bertolt Brecht: *Anmerkungen zu den „Chinesischen Gedichten"*. In: Ders., Über Lyrik, S. 96; auch in BFA, Bd. 11, S. 388.

in Brechts Lyrik in der Sprechsituation erkennbar, dann, wenn die Gedichte einem Gesprächspartner zugänglich gemacht werden. Bei vielen Gedichten ist der angesprochene Partner im Gedicht gegenwärtig – zum Beispiel in *Als ich nachher von dir ging*: „Weißt schon, die ich meine." Damit wird das Gedicht zum Dialog. Brechts Vorliebe für den Bänkelsang (siehe S. 61 der vorliegenden Erläuterung), der oft mit dem Zeigen von Situationen einer Moritat verbunden wurde, hat den Gestus in der Lyrik begünstigt. Das demonstrative Zeigen einer Situation ist ein solches gestisches Element. Der Bänkelsang war für Brecht eine Form des Sprechens – zum gestischen Element der Lyrik gehören Satzgliederung und Wortreihung, die Arbeit mit Zeilen-, Strophen-, Wort- und Silbengrenzen (etwa als Reimwort „militär-"), die Rolle der Interpunktion unter dem Aspekt der Rhythmik, nicht der Grammatik und eine Metrik in freier Verwendung der unbetonten Silben (Senkungen). Dabei ging Brecht davon aus, dass Sprache von vornherein „als Mittel der Kommunikation ... gestische Elemente enthält"[61]. Das Gestische in der Lyrik zielte auf den Rezipienten, „auf sein Rezitieren oder Lesen, auf seine Realisierung der Möglichkeiten des Werkes"[62].

Verfremdung

Zu den Besonderheiten von Brechts Dichtungen gehört auch das Element der Verfremdung. Sie war für das Theater entwickelt worden, wirkte sich aber auch auf die Lyrik aus. Der entscheidende Eingriff des Dichters war,

> *dem Vorgang oder dem Charakter das Selbstverständliche, bekannte, Einleuchtende zu nehmen und über ihn Staunen und Neugierde zu erzeugen. ... Verfremden heißt also historisieren, heißt Vorgänge*

---

61 Hans-Georg Werner: *Gestische Lyrik*. Zum Zusammenhang von Wirkungsabsicht und literarischer Technik in Gedichten Bertolt Brechts. In: Etudes Germaniques, Heft 4/1973, S. 488
62 Manfred Naumann, Dieter Schlenstedt u . a.: *Gesellschaft Literatur Lesen*. Literaturrezeption in theoretischer Sicht. Berlin, Weimar: Aufbau-Verlag, 1973, S. 362

> *und Personen als historisch, also als vergänglich darstellen. Dassel-*
> *be kann natürlich auch mit Zeitgenossen geschehen, auch ihre Hal-*
> *tungen können als zeitgebunden, historisch, vergänglich dargestellt*
> *werden.*[63]

Dieses oft mit dem romantischen Befremden zusammengeführte oder mindestens verglichene Verfahren wurde schon von Clemens Heselhaus nachdrücklich von der Romantik, mit der es nichts zu tun hatte, abgehoben: „Das Erlebnis dieses Romantisch-Fremden setzt Phantasie und die Lust am romantischen Zustand voraus, also jenes Einfühlungsvermögen in das Fremde und Andere, das Brecht mit seinem Verfremdungs-Effekt bekämpfen und ausschalten will."[64] Brechts Verfremdung in der Lyrik verzichtete auf lyrische Mittel, die Identifikation und Genuss durch das Gefühl bewirkten.

Was allerdings konsequent gedacht war, wirkte bei der Umsetzung keinesfalls so. Auffälligstes Beispiel wurde die *Dreigroschenoper* (Brecht/Weill 1928). Das bürgerliche Publikum reagierte auf die scharfen Angriffe und kritischen Ausstellungen gesellschaftlicher Außenseiter in den Songs der Oper mit der Übernahme dieser Songs in ihre gesellschaftliche Unterhaltungsindustrie.

Brecht dichtete facettenreich. Er konnte Schönheit und Stille mit schlichten Worten beschreiben, aber er gab auch derben Schimpfwörtern, Begriffen aus dem Fäkalienarsenal und der tabuisierten Geschlechtlichkeit Platz in seinen Gedichten. Er wollte alles benennen und benennbar machen. Er verzichtete dabei auf Euphemismen, die Verschleierung bewirkt hätten, und entlarvte die bürgerliche Geschlechtsmoral, der er die bigotte Verschleierung abriss. Scheinbar Unvereinbares stieß aufeinander, so etwa das Sonett mit der

Unvereinbares stieß aufeinander

---

63 Bertolt Brecht: *Über experimentelles Theater* (1939). In: Ders.: Schriften zum Theater. Bd. III. Berlin, Weimar: Aufbau-Verlag, 1964, S. 109 f.

64 Clemens Heselhaus: *Brechts Verfremdung in der Lyrik*. In: Immanente Ästhetik, ästhetische Reflexion. Lyrik als Paradigma der Moderne. Hrsg. von Wolfgang Iser. München: Wilhelm Fink, 1966 (Poetik und Hermeneutik, Bd. II), S. 308

Pornographie, der Geschlechtsverkehr mit dem Liebeslied. Solche Gegensätze gehörten für Brecht zur dialektischen Sicht auf die Wirklichkeit. Insofern ist seine Lyrik auch ein Fundus philosophischer Auseinandersetzungen, die entweder vom Dichter offenkundig eingebracht wurden – wie in den Kant-Gedichten – oder vom Leser mit Hilfe seiner Bildung entdeckt werden müssen. Wenn in Brechts Gedichten eine Handlung oder ein Vorgang im Mittelpunkt stehen, ist unter den eingesetzten Mitteln oft auch der filmische Schnitt zu finden. Das beginnt in der frühen Lyrik. Im Gedicht *Erinnerung an die Marie A.* ist beim Übergang von der ersten zur zweiten Strophe ein solcher Schnitt zu finden, der die konkrete, aber vergangene Situation, die Liebesszene, plötzlich in den gegenwärtigen Zeitenlauf versetzt (siehe S. 69 ff. der vorliegenden Erläuterung).

Brecht hatte in seinem Gedicht *An die Nachgeborenen* den Verzicht auf die Thematisierung der Natur beschrieben, weil vorrangig die Verbrechen der Faschisten nachdrücklich und fortwährend öffentlich gemacht werden müssen: „Was sind das für Zeiten, wo / Ein Gespräch über Bäume fast ein Verbrechen ist / Weil es ein Schweigen

Gespräch über Bäume

über so viele Untaten einschließt!" (BFA 12, 85 ff.). Damit ging für ihn ein langwieriger Prozess von Umwertungen zu Ende. In der *Hauspostille* hatte Brecht eine dämonische Natur bedichtet, aber auch Gedichte „reiner Lyrik"[65] über die Natur geschrieben – *Vom Klettern in Bäumen* und *Vom Schwimmen in Seen und Flüssen*. Danach wies seine Dichtung, wie in *Aus dem Lesebuch für Städtebewohner*, Natur nur in einzelnen Versatzstücken auf: „... Und du sollst verschwinden wie der Rauch im Himmel" (BFA 11, 159). Brechts lyrischer Verzicht auf ein Gespräch über Bäume löste in späterer Zeit eine umfangreiche und eigenständige Beschäftigung mit dem symbolischen Vorgang aus, an der sich Christa Wolf

---

65   Kurt Tucholsky: *Bert Brechts Hauspostille*. In: Ders.: Lerne lachen ohne zu weinen. Auswahl 1928 bis 1929. Bd. 5. Hrsg. von Roland Links. Berlin: Volk und Welt, 1972, S. 382

1980 mit ihrer Büchner-Preis-Rede, der so genannten „Darmstädter Rede", mit dem Titel *Von Büchner reden* beteiligte. Sie stellte die Frage, was Literatur bei der Bewahrung der Menschheit leisten könne: „Ein Gespräch über Bäume, über Wasser Erde Himmel Mensch – ein Versuch, der mir realistischer vorkommt als die strikt wahnwitzige Spekulation auf den Weltuntergang."[66] Das Aufgreifen des Brecht-Zitates ist unverkennbar, aber auch die Irritation ist deutlich. Nicht mehr der Inhalt der Gespräche wird zum Maßstab von Menschlichkeit, und damit für Gedächtnis und Erinnerung, schließlich für Literatur gemacht, sondern das Gespräch selbst ist, ohne Berücksichtigung des Inhalts, Ausdruck noch vorhandener Menschlichkeit.

Martin Walser führte in seiner umstrittenen Friedenspreisrede *Erfahrungen beim Verfassen einer Sonntagsrede* 1998 diese Auseinandersetzung weiter und eröffnete sie mit der Mitteilung, er wolle nur Schönes sagen: „Zum Beispiel Bäume rühmen, die er durch absichtsloses Anschauen seit langem kennt. Und gleich der Rechtfertigungszwang: Über Bäume zu reden ist kein Verbrechen mehr, weil inzwischen so viele von ihnen krank sind."[67] Auch er machte auf weitere Verluste aufmerksam, denn die von ihm genannten Bäume waren nun selbst Opfer eines maßlos gewordenen industriellen Fortschritts.

Material

Brechts Praxis, vorhandene Literatur als Material für sein eigenes Schaffen zu verwenden, ist zu erwähnen. Dies wäre einer eigenen umfangreichen Darstellung wert und kann hier nur angedeutet werden. Eine Sammlung von Variationen schrieb Brecht mit seinen sechs *Hitler-Chorälen* (1933), die an Kirchenlieder wie *Nun*

---

66   Christa Wolf: *Die Dimension des Autors*. Bd. 2. Berlin, Weimar: Aufbau-Verlag 1986, S. 168
67   Martin Walser: *Erfahrungen beim Verfassen einer Sonntagsrede*. In: Börsenblatt Nr. 82, 13. Oktober 1998, S. 17

danket alle Gott; Lobet den Herrn, den mächtigen König der Erde; Befiehl du deine Wege; So nimm denn meine Hände; Eine feste Burg ist unser Gott und an das nicht nachweisbare Lied *Ein strenger Herr ist unser Gott* anknüpften. Brecht bezog sich auf Text und auf Melodie. Er knüpfte bei der Auswahl der Lieder an jene an, die innerhalb der Kirchenlieder zu religiösen Volksliedern geworden waren. Das Verfahren hatte Brecht schon in seiner Augsburger Zeit verwendet, wie der *Große Dankchoral* (aus der *Hauspostille*) zeigt. Bereits hier hatte er Joachim Neanders Choral *Lobe den Herrn*[68] als Vorlage benutzt. In seinen Chorälen verwendete Brecht bereits das Bild vom Kalb, das sich selbst seinem Metzger stellt – eine Metapher, die ihn von nun an begleiten sollte: „Befiehl du deine Wege / O Kalb, so oft verletzt / Der allertreusten Pflege / Des, der das Messer wetzt!" (BFA 11, 219)

Ein einprägsames Beispiel für den Umgang mit vorliegendem Material, in dem auch das Bild vom Kalb wieder verwendet wurde, ist das Gedicht *Der Kälbermarsch* (1934), das erst 1944 in den USA gedruckt wurde. Als Vorlage nahm Brecht das Horst-Wessel-Lied, das den Faschisten als „Weihelied" ihrer Bewegung galt. Brecht benutzte für seine Dichtung Versatzstücke aus diesem „Weihelied", um die ihm innewohnenden menschenverachtenden Elemente zu betonen. So hieß es statt „Die Fahne hoch! Die Reihen fest geschlossen! / S.A. marschiert mit ruhig festem Schritt" bei Brecht: „Der Schlächter ruft: Die Augen fest geschlossen / Das Kalb marschiert. In ruhig festem Tritt." (BFA 14, 223)

---

68   Über die Bedeutung dieses Lieds für Brecht vgl. Zimmermann, S. 186 ff.

2.3 Interpretationen

Legende vom toten Soldaten

1
Und als der Krieg im (fünften) vierten Lenz
Keinen Ausblick auf Frieden bot
Da zog der Soldat seine Konsequenz
Und starb den Heldentod.

2
5 Der Krieg war aber noch nicht gar
Drum tat es dem Kaiser leid
Daß sein Soldat gestorben war:
Es schien ihm noch vor der Zeit.

3
Der Sommer zog über die Gräber her
10 Und der Soldat schlief schon
Da kam eines Nachts eine militärische ärztliche Kommission.

4
Es zog die ärztliche Kommission
Zum Gottesacker hinaus
15 Und grub mit geweihtem Spaten den
Gefallnen Soldaten aus.

5
Der Doktor besah den Soldaten genau
Oder was von ihm noch da war
Und der Doktor fand, der Soldat war k. v.
20 Und er drücke sich vor der Gefahr.

6

Und sie nahmen sogleich den Soldaten mit
Die Nacht war blau und schön.
Man konnte, wenn man keinen Helm aufhatte
Die Sterne der Heimat sehn.

7

25 Sie schütteten ihm einen feurigen Schnaps
In den verwesten Leib
Und hängten zwei Schwestern in seinen Arm
Und sein halb entblößtes Weib.

8

Und weil der Soldat nach Verwesung stinkt
30 Drum hinkt ein Pfaffe voran
Der über ihn ein Weihrauchfaß schwingt
Daß er nicht stinken kann.

9

Voran die Musik mit Tschindrara
Spielt einen flotten Marsch.
35 Und der Soldat, so wie er's gelernt
Schmeißt seine Beine vom Arsch.

10

Und brüderlich den Arm um ihn
Zwei Sanitäter gehn
Sonst flög er noch in den Dreck ihnen hin
40 Und das darf nicht geschehn.

11

Sie malten auf sein Leichenhemd
Die Farben schwarz-weiß-rot
Und trugen's vor ihm her; man sah
Vor Farben nicht mehr den Kot.

12

45 Ein Herr im Frack schritt auch voran
Mit einer gestärkten Brust
Der war sich als ein deutscher Mann
Seiner Pflicht genau bewußt.

13

So zogen sie mit Tschindrara
50 Hinab die dunkle Chausee
Und der Soldat zog taumelnd mit
Wie im Sturm die Flocke Schnee.

14

Die Katzen und die Hunde schrein
Die Ratzen im Feld pfeifen wüst:
55 Sie wollen nicht französisch sein
Weil das eine Schande ist.

15

Und wenn sie durch die Dörfer ziehn
Waren alle Weiber da.
Die Bäume verneigten sich. Vollmond schien.
60 Und alles schrie hurra!

16

Mit Tschindrara und Wiedersehn!
Und Weib und Hund und Pfaff!
Und mitten drin der tote Soldat
Wie ein besoffner Aff.

17

65 Und wenn sie durch die Dörfer ziehn
Kommt's, daß ihn keiner sah
So viele waren herum um ihn
Mit Tschindra und Hurra.

18
So viele tanzten und johlten um ihn
70 Daß ihn keiner sah.
Man konnte ihn einzig von oben noch sehn
Und da sind nur Sterne da.

19
Die Sterne sind nicht immer da.
Es kommt ein Morgenrot.
75 Doch der Soldat, so wie er's gelernt
Zieht in den Heldentod.

Die unterschiedlichen Fassungen variierten den Eingangsvers:
In der Fassung der *Hauspostille* hieß es: „Und als der Krieg im
fünften Lenz"; die Angabe ist irritierend, auch wenn sie das Alter
des Krieges meinen sollte, denn im fünften Jahr ging der Krieg zu
Ende. Es blieb keine Möglichkeit mehr für den zweiten Heldentod. Brecht änderte den Vers deshalb in der Fassung von 1938 zu
„im vierten Jahr". Ähnlich dichtete Brecht in *Die drei Soldaten* (*Ein
Kinderbuch*, 1930): „Als nun kam das vierte Jahr / War es ihnen
offenbar / Daß es ein Krieg der Reichen war ..." (BFA 14, 68)
Das Gedicht *Legende vom toten Soldaten* entstand während Brechts
Zeit als Soldat[69] 1918 (BFA 11, 322). Eine Fassung stand 1922 in
der Komödie *Trommeln in der Nacht* (1919): Zu Beginn des 4.
Aktes, dessen Überschrift *Der Schnapstanz* Brecht 1953 bei der
Neufassung durch das Zitat aus der *Legende* „Es kommt ein Mor-
genrot" ersetzt, heißt es: „Glubb, der Destillateur, in Weiß, singt
zur Klampfe ‚Die Moritat vom toten Soldaten'."[70] Die heute biblio-
phil gewordene Ausgabe war der Geliebten Paula (Bi) Banholzer,
„Der Bie Banholzer 1918", gewidmet und enthielt im Anhang die
Legende als *Ballade vom toten Soldaten* mit dem Hinweis: „... zum

---

69   Mittenzwei, Bd. 1, S. 79 f.
70   Brecht, *Stücke*, Bd. 1, S. 182

Gedächtnis des Infanteristen Christian Grumbeis, geboren den
11. April 1897 in Aichach, gestorben in der Karwoche 1918 in
Karasin (Süd-Rußland)." (BFA 11, 40) Während der Kommentar
der BFA in dieser Widmung einen von Brecht fingierten „,histo-
rischen Fall'" (BFA 11, 323) sieht, betrachtete Klaus Schuhmann
ihn als Tatsache: „Brecht musste sich angesprochen fühlen, denn
der Tote gehörte zu seiner Generation."[71] Unabhängig davon stellte die Widmung einen wichtigen Bezug aus: Der Tod in der Karwoche verwies auf die christliche Auferstehung; Brechts *Legende*

eine säkulare Auferstehung   aber beschrieb eine säkulare, erschre-
ckende, geradezu widerliche Auferste-
hung. Das machte auch die Legende als eine Heiligenerzählung
mehrdeutig. Brecht selbst variierte den Begriff mit „Moritat" und
„Ballade" und gab jede religiöse Bedeutung auf.
1927 beschloss die *Legende* in der *Hauspostille* den Abschnitt *Die
kleinen Tagzeiten der Abgestorbenen*, eine Variation eröffnete die
Lieder Gedichte Chöre (1933, BFA 11, 199 ff.). Ursprünglich sollte
die *Hauspostille* 1922 im Gustav Kiepenheuer Verlag erscheinen;
ein Gerücht besagt, dass ein Aktionär des Verlages die Streichung
der *Legende* forderte. Die Veröffentlichung verzögerte sich, und
die *Hauspostille* erschien schließlich 1927 im Propyläen-Verlag,
an den sich Brecht gebunden hatte. Nur ein Privatdruck von 25
Exemplaren wurde 1925 bei Kiepenheuer aufgelegt.

> **Die Legende** (lat. legenda = „das zu Lesende") war ursprüng-
> lich eine Leidensgeschichte von Heiligen und Märtyrern.
> Dann gelangte sie in die außertheologische Literatur und
> wurde dort als unwahrscheinliche Geschichte verstanden.

Klaus Schuhmann sieht in Brechts Gedicht „eines der ersten, das
eine methodische Verfahrensweise erkennen lässt, die Brecht

---

71   Schuhmann, *Der Lyriker Bertolt Brecht*, S. 48

in späteren Jahren zum Schreibprinzip erhoben hat: der Rückgriff auf vorgebildete Muster, die auf neue Weise gebrauchsfähig wurden, indem er in ihren Bau eingriff und diese Texte seinen Wirkungsabsichten dienstbar machte. Hier geschieht es, indem die tradierte Legende ... zu Grabe getragen und zugleich als Kontrafaktur erneuert wird."[72] Brecht fand bei Wedekind und Villon Beispiele für Moritate und Bänkelsänge.

Vorliegende *Legende* beschreibt, wie unbelehrbare Militärs, – groteskerweise eine „ärztliche Kommission", die qua definitionem für Leben zuständig ist –, einen Toten ausgraben, für kriegsfähig erklären und erneut in den Heldentod schicken. Das wird möglich, indem die Züge des Menschlichen von diesem Soldaten abgelöst werden; sie werden durch Alkohol, nackte Frauen und Militärmärsche ersetzt. Wie die Ärzte dient auch ein „Pfaffe" dem makabren Todesspiel, nicht dem Leben. Aber nicht nur die Ausführenden der militärischen Durchhaltepolitik marschieren in diesem Zug mit, sondern auch die eigentlichen Verursacher, die Wirtschaftsführer und Vertreter des Großbürgertums: „Ein Herr im Frack schritt auch voran." (V. 45)

Dass Brecht nicht nur den militärischen Zusammenbruch erlebte, sondern auch seine Ursachen und die des Krieges überhaupt zu begreifen begann, löste eine politische Entwicklung aus, die ihn schließlich zum Studium des Marxismus führte. Er wurde in den Soldatenrat gewählt, hatte aber kaum Aufgaben wahrzunehmen. Seinen Mangel erkannte er selbst: „Ich unterschied mich kaum von der überwältigenden Mehrheit der übrigen Soldaten, die selbstverständlich von dem Krieg genug hatten, aber nicht imstande waren, politisch zu denken."[73]

Den beschriebenen Vorgang erklärte Brecht folgendermaßen: „Im Frühjahr 1918 durchkämmte der kaiserliche General Ludendorff zum letzten Mal ganz Deutschland von der Maas bis an die Me-

---

72 Schuhmann, *Wider das wilhelminische Heldentum*, S. 26
73 Völker, S. 33

mel, von der Etsch bis an den Belt nach Menschenmaterial für seine große Offensive ... Das Volk sagte: Man gräbt schon die Toten aus für den Kriegsdienst."[74] Das Gedicht korrespondiert mit

Gottfried August Bürgers berühmter

Gottfried August Bürger

Ballade *Lenore*: Ein toter Soldat holt seine Braut zur Hochzeit auf dem Friedhof ab. Heinrich Heines *Die Grenadiere* boten ein ähnliches Szenario; dort will ein französischer Grenadier aus dem Grab „gewaffnet hervor" kommen, „den Kaiser, den Kaiser zu schützen"[75]. Auch Heines *Das Sklavenschiff* beschreibt, wie sterbende Menschen mit ähnlichen Mitteln – Tanzmusik, Tanz und Wollust – noch einmal stimuliert werden. Das Motiv wurde auch von anderen Dichtern, zum Beispiel Börries von Münchhausen, verwendet. Der Unterschied zwischen ihnen und Brecht wird schnell deutlich: Bei Heine ist es Stolz und Achtung gegenüber Napoleon als Repräsentanten der französischen Revolution von 1789, die den Soldaten freiwillig veranlassen, aus seinem Grab aufsteigen zu wollen; bei Brecht sind diese Ideale verloren gegangen, die erzwungene Auferstehung ist ein

makabrer Akt. Darin ist aber auch der

ein makabrer Akt

sarkastische Angriff des Gedichts zu sehen: Die offiziell propagierten Ideale von Kaiser, Gott und Vaterland, seit 1813 von Friedrich Wilhelm III. in die griffige Formel „Mit Gott für König und Vaterland" gebracht, sind zum Klischee verkommen.

Das Gedicht organisiert sich durch Gegensätze, die bereits das Brecht'sche Mittel der Verfremdung andeuten: Auferstehung ist kein Glaubensvorgang, sondern geschieht auf kaiserlichen Befehl; der beteiligte „Pfaffe" weist nicht den Weg in den Himmel, sondern überdeckt mit seinem „Weihrauchfaß" (V. 31) irdischen

---

74 Werner Hecht u. a.: *Bertolt Brecht. Leben und Werk*. Berlin: Volk und Wissen, 1963 (Schriftsteller der Gegenwart, Bd. 10), S. 8; Typoskript im Nachlass, BFA 11, 322

75 Heinrich Heine: *Die Grenadiere*. In: Ders.: *Sämtliche Schriften*. Bd. 1. Hrsg. von Klaus Briegleb. München: dtv, 2005, S. 48. – Vgl. Rüdiger Bernhardt: *Heinrich Heine: Das lyrische Schaffen*. Hollfeld: C. Bange Verlag, 2008 (Königs Erläuterungen Spezial)

Gestank. Der Kaiser fühlt sich nicht mehr für die Lebendigen, sondern für die Toten zuständig. Das Vaterland ist kein Territorium mehr für sinnvolle Tätigkeit, sondern eine Land männerloser Dörfer (der Vers „Und wenn sie durch die Dörfer ziehn" wiederholt sich in der 15. und 17. Strophe), in denen „Weib und Hund und Pfaff" (V. 62) den Ton angeben. Die „ärztliche Kommission" (V. 13) hat ihren Patienten nicht im Krankenhaus, sondern auf dem Friedhof; der Sommer „zog" nicht über Felder sondern über „Gräber"; auf dem „Gottesacker" (V. 14) wird nicht begraben, sondern ausgegraben; statt Gelerntes mit dem Kopf anzuwenden, hat der tote Soldat nur gelernt, „seine Beine vom Arsch" (V. 36) zu schmeißen. Statt eines Trauermarsches spielt die Musik „einen flotten Marsch" (V. 34); statt auf der kaiserlichen Flagge befinden sich die Farben Schwarz-Weiß-Rot auf dem „Leichenhemd" (V. 41 f.) und entwerten das sinnlos gewordene Klischee des nationalen Symbols; nicht ein Militär führt den Zug an, sondern ein „Herr im Frack", Sinnbild der Wirtschaft. Nicht die Menschen „wollen nicht französisch sein" (V. 55), sondern die Tiere. Was als bäuerliche Tradition des Dorffestes bestanden hatte, ist im Zeichen des Krieges zur grauenhaften, grotesken und widerlichen Orgie verkommen.

Reste der verlorenen Werte und des Friedens sind vorhanden – der rein jambische Vers „Die Nacht war blau und schön" –, sind aber nur ohne Krieg erfassbar: „Man konnte, wenn man keinen Helm aufhatte / Die Sterne der Heimat sehn." (V. 23 f.) Die Sterne, mehrfach genannt und zum Schluss hin besonders betont (18. und 19. Strophe), gehören zu den Überbleibseln, die an Frieden und Schönheit erinnern, aber ihre Bedeutung verloren haben und endgültig verlieren, denn „es kommt ein Morgenrot" (V. 74). Das ist nicht, wie anzunehmen wäre, eine erwartete Revolution, sondern eine allgemeine Metapher für eine andere, neue Zeit. Sie hat ihren Ursprung unter anderem in Bürgers Ballade *Lenore*, die mit dem Vers beginnt „Lenore fuhr ums Morgenrot / Empor aus schweren Träumen."[76]

„Vaterland" „Heimat"

Begriffe wie „Vaterland" und in diesem Umfeld auch „Heimat" haben für Brecht während des Ersten Weltkrieges ihren Wert verloren; bis zur *Kinderhymne* verzichtete er auf sie und setzte Ersatzbegriffe wie „Land" an ihre Stelle. Die Zufälligkeit, mit der ein Mensch zu einem Vaterland kam, beschäftigte Brecht mehrfach; bekannt wurde seine Metapher aus den *Flüchtlingsgesprächen*, wonach das Vaterland nur ein Fensterstock sei, aus dem man gefallen sei. Das Gespräch findet zwischen den aus Deutschland vertriebenen Ziffel und Kalle statt, die beide von ihrem Vaterland das Leid der Vertreibung erlebten. Dabei hatte der junge Brecht bei Kriegsausbruch 1914 die Symbolbegriffe noch anerkannt: „Gar viele Tausend zogen hinaus / Fürs Vaterland sie starben" (*Kriegsfürsorge*, 1914; BFA 13, 73)

Zum ersten Mal wird der satirische Charakter des Gedichts in der karikierenden Vereinfachung der staatlichen Würdenträger deutlich, ehe der Gesamtvorgang sich als sarkastische Umwertung eines Weiterlebens in der Erinnerung zu erkennen gibt: Ein Toter wiederholt, was er gelernt hat – auch dieser Vers kommt zwei Mal vor (9. und 19. Strophe) – und „zieht in den Heldentod" (V. 76). Die Größe der Würdenträger ist für das Panoptikum geschrumpft: ein Kaiser, dem etwas „leid" tut (V. 6), ein Doktor, der einen „verwesten Leib" (V. 26) nicht erkennt, ein hinkender Pfaffe, an den hinkenden Teufel erinnernd, überdeckt mit dem „Weihrauchfaß" Verwesungsgestank, Sanitäter erkennen einen Toten nicht, ein „Herr im Frack" – der „mit einer gestärkten Brust" (V. 46) eigentlich kämpfen sollte – ist sich seiner „Pflicht" (V. 48) zur Feigheit genau bewusst.

---

76 Gottfried August Bürger: *Lenore*. In: Ders.: Gedichte. Hrsg. von Arnold E. Berger. Leipzig, Wien: Bibliographisches Institut, o. J. (1899), S. 64

Die Moritat wird durch wiederkehrende Wörter und Sequenzen inhaltlich und lautlich organisiert.

> **Bänkelsang** war die Zeitung des kleinen Mannes im 17. Jahrhundert. **Moritaten** gehören zu dieser Kunst der Straßensänger. Sie berichteten in volkstümlichen Dichtungen von schrecklichen und düsteren Ereignissen, die oft noch auf schlichten, aber grell gemalten Bildfolgen betrachtet werden konnten. Da Mordtaten zu den Ereignissen gehörten, wird der Begriff der Moritat (eigentlich: Mordtat) auch darauf zurückgeführt. Die schaurig-naive Darstellung endete stets mit einem moralischen Lehrsatz. Der Sänger stand beim Vortrag auf einem kleinen Bänkel, deshalb nannte man den Vortrag auch Bänkelsang. Während der im 16. Jahrhundert weit verbreitete Bänkelsang im 18. Jahrhundert zurückging, erlebte er mit den Kabaretts um 1900 eine neue Blüte, zu der neben Frank Wedekind, Erich Kästner und Joachim Ringelnatz auch Brecht zählte.

Der Begriff „Heldentod" gehörte zu den festen Begriffen des Krieges und hatte seinen Platz in Nachrufen; er lässt durch die Verwendung in der ersten und in der letzten Strophe einen Rahmen entstehen. Mehrfach kehrt die lautmalerische Umsetzung der Militärmusik, vor allem der Tschinellen (Becken) wieder: „Tschindrara" (V. 33, 49, 61, 68). Mit ihr beginnt der Zug in den Krieg (9. Strophe), sie begleitet den Zug (13., 16. und 17. Strophe) und sie klingt noch im 1. Vers der 18. Strophe nach, dieser Vers greift die beiden letzten Verse der 17. Strophe auf: „So viele tanzten und johlten um ihn." (V. 69) Diese Wendung stammt aus einem Kinderlied („Wenn Weihnachten ist") und wurde dort heroisch akzentuiert, was zu einer antimilitärischen Verwendung führte wie bei Brecht und in Kurt Tucholskys *Pariser Gelächter* (1928). In Heinrich Heines *Das Sklavenschiff* findet sich eine ähnliche Formulierung: „Dideldumdei und Schnedderedeng." Auffällig sind Parallelen zwischen Brechts *Legende* und Rimbauds *Chant de guerre parisien (Pariser Kriegslied).* Es vollzieht sich nicht nur ein ähnlicher Aufmarsch, sondern auch die lautmalerischen Musik-

Musikgeräusche

geräusche („tam-ram", übersetzt als „Tschingdada") finden sich dort.[77]

Die Sequenz „so wie er's gelernt" (9. und 19. Strophe) verbindet Ursache und Wirkung: Gelernt hat der Soldat, „seine Beine vom Arsch" zu schmeißen, also nicht zu denken und einen eigenen Willen zu haben; das Ergebnis ist der „Heldentod"; „vom Arsch" und „Heldentod" haben den gleichen Stellenwert. Die Wiederholung der Sequenz „Und wenn sie durch die Dörfer ziehn" (15. und 17. Strophe) weist auf die ländliche Bevölkerung als Hort der Reaktion und des Konservativismus im Gegensatz zur Arbeiterschaft in den Städten hin.

> *Ein Kriegsgedicht wie dieses hatte es bis dahin in der deutschen Literatur nicht gegeben. Kein Schlachtpanorama wird entworfen, und doch ist die organisierte, geplante Dämonie des modernen Krieges in der Marionettenhaftigkeit des Soldaten und der Ungeheuerlichkeit seiner Peiniger, in einem makabren Totentanz zum beklemmenden dichterischen Bild geworden.*[78]

Das Thema war aktuell. In Walter Hasenclevers Gedicht *Die Mörder sitzen in der Oper* hieß es „Stabsärzte halten Musterung bei Gespenstern; / Der dicke König ist zur Front gereist."[79] Die Karikatur von George Grosz „Die Gesundbeter" in der Zeitschrift „Die Pleite" und der Mappe „Gott mit uns"[80] zeigte 1919 eine Muste-

---

77 Arthur Rimbaud: *Chant de guerre parisien. Pariser Kriegslied.* In: Ders.: Sämtliche Werke. Leipzig: Insel, 1976, S. 82 ff.

78 Walter Hinck: *Die deutsche Ballade von Bürger bis Brecht.* Kritik und Versuch einer Neuorientierung. Göttingen: Vandenhoeck & Ruprecht, 1968 (Kleine Vandenhoeck-Reihe, Bd. 273), S. 133

79 Vgl. Hans Kaufmann: *Krisen und Wandlungen der deutschen Literatur von Wedekind bis Feuchtwanger.* Berlin, Weimar: Aufbau-Verlag, 1966, S. 248 f.; enthält ein sehr gutes Kapitel über Brechts Lyrik (S. 504–516)

80 Vgl. Lothar Lang (Hrsg.): *George Grosz.* Berlin: Henschelverlag Kunst und Gesellschaft, 1966, S. 32 f.

rungskommission bei der Musterung eines menschlichen Skeletts mit verwesenden Muskelteilen; das Ergebnis der Musterung war „kv", also kriegsverwendungsfähig. Grosz' Bild und Brechts Text sind unabhängig voneinander entstanden.

Zeitgenossen empfanden Brechts Gedicht als „Erweckung"[81] und lernten es auswendig. Kurt Tucholsky erklärte enthusiastisch:

> *Wer die* [Legende, R. B.] *nicht kennt, sollte schon um ihretwillen das Buch in die Hand nehmen. Den Preußen hats ja mancher besorgt – so gegeben hats ihnen noch keiner ... Das ist eine lyrische Leistung großen Stils, und wie man mir erzählt hat, soll das Lied in den Kreisen junger Kommunisten beginnen, populär zu werden. Was zu hoffen steht.*[82]

Die Gegner Brechts nahmen dieses Gedicht zum Anlass, um den Autor zu diffamieren. Mehrfach verursachte das Gedicht Proteste und Skandale, etwa als Brecht es im Dezember 1921 im Berliner Kabarett „Wilde Bühne" zur Klampfe vortrug (BFA 11, 323). Das Landesjugendamt Karlsruhe „erstattete 1932 gegen Brecht Anzeige wegen ‚öffentlicher Beschimpfung von Gebräuchen der katholischen Kirche'"[83]. Die Nazis begründeten mit der *Legende* die Ausbürgerung Brechts und sollen ihn bereits seit 1923 auf einer Liste derjenigen, die nach der Machtergreifung zu verhaften seien, wegen des Gedichts an fünfter Stelle geführt haben.[84]

Proteste und Skandale

Wie man die *Legende* auch mit anderen Mitteln abwerten und ihre Bedeutung mindern kann, ist in John Fuegis umstrittener Biografie zu lesen. Sein wichtigster Hinweis auf das Gedicht war, die *Legende* habe in „zahllosen Bordellen und Kneipen ihren letzten Schliff bekommen"[85].

81 Mayer, S. 23
82 Kurt Tucholsky: *Bert Brechts Hauspostille*. In: Ders.: Lerne lachen ohne zu weinen. Auswahl 1928 bis 1929. Bd. 5. Hrsg. von Roland Links. Berlin: Volk und Welt, 1972. S. 382 f.
83 Mittenzwei, Bd. 1, S. 81
84 Ebd.
85 Fuegi, S. 137

Das Gedicht war eine Moritat – Brecht nannte es so in *Trommeln in der Nacht* – und entsprach der von Brecht gewünschten „Gebrauchsform", denn es war singbar, „und zwar auf einfachste Weise"[86], wie es Brecht wünschte. Die Strophen sind gleichmäßig – vierversig –, aber mit wechselndem Rhythmus: Die Verse schwanken zwischen vier- und dreihebigen Jamben und Anapästen, einzelne Verse bieten unterschiedliche Skandierungen an: „Daß er nicht stinken kann" könnte x x x x́ x x́ oder x x́ x x́ x x́ oder x́ x x x́ x x́ betont werden. In seinem Aufsatz *Über reimlose Lyrik mit unregelmäßigen Rhythmen* (1939) wies Brecht auf „neun verschiedene Rhythmisierungen der zweiten Verszeile"[87] in neunzehn Strophen der *Legende* hin. Rhythmisierung und Reim mussten nicht übereinstimmen, sondern konnten alternierend auftreten. Die Grundstruktur der *Legende* erinnert an die Chevy-Chase-Strophe[88], die Heine in *Die Grenadiere* verwendet hatte und die durch Herders Übersetzung *Die Chevy-Jagd* in die deutsche Literatur gekommen war:

x x́ x x́ x (x) x́ x x́
x x́ x (x) x́ x (x) x́ x
x x́ x x́ x (x) x́ x (x) x́
x x́ x (x) x́ x x́ x

> Die **Chevy-Chase-Strophe** besteht aus zwei vierhebigen Versen und zwei Versen, die drei Hebungen und statt der vierten Hebung eine große Pause haben. Das an Jamben erinnernde Versmaß (x x́) – die Freizügigkeit der Senkungen verhindert reine Jamben – gibt dem Gedicht einen marschrhythmischen Charakter, der das Thema Brechts begünstigt, und unterstützt Vertonungen.

---

86 Brecht, *Über Lyrik*, S. 97
87 Ebd., S. 97 f.
88 Für die Information über Sachbegriffe eignet sich: Gero von Wilpert: *Sachwörterbuch der Literatur*. Stuttgart: Alfred Kröner, 8. Auflage 2001

Die Reime sind vielgestaltig: Die Hauptgestalt ist der Kreuzreim wie in der 1. Strophe, allerdings tritt er nur in der Hälfte der Strophen auf. Mit dem Kreuzreim wird aber so gespielt, als sollten Ordnungsprinzipien außer Kraft gesetzt werden, etwa die an militärische Ordnung erinnernden Gleichklänge: Sie werden entweder durch ein ungebräuchliches und ungewöhnliches Enjambement herbeigezwungen (3. Strophe: *her* – milit*är*-ische) oder in eigentümlichen Reimpaaren gefunden (5. Strophe: genau – k. v.). In der Hälfte der Strophen, zunehmend gegen Ende, werden die Kreuzreime des 1. und 3. Verses aufgegeben (4., 6., 7., 9., 11., 13., 16., 18. und 19. Strophe). Das weist auf den Bänkelsang hin, boten sich doch dadurch Variationen an. Auch die Verwendung des „und" als eine reihende Konjunktion fällt auf: „Zu den Eigenarten dieses Gedichts gehört – ebenfalls schon in der ersten Strophe für die nachfolgenden achtzehn strukturbildend angelegt – die geradezu penetrante Wiederholung eines Bindewortes."[89]

Bänkelsang

Die Legende wurde auch als Symbol für das gesamte wilhelminische Deutschland verstanden: „In diesem berühmten Gedicht wird uns in einer satirischen Groteske das imperialistische Deutschland vor Augen geführt, das, zum Untergang verurteilt und bereits in Verwesung übergegangen, doch hartnäckig fortfährt, in martialischer Verblendung mit den Waffen zu klirren."[90] – Die legendenhaften Balladen sind ein beliebter Dichtungstyp bei Brecht. Am Beginn steht, 1914, die *Moderne Legende*, die einen Sieg auf dem Schlachtfeld besang, aber beim Leiden der Mütter – „Hüben – und drüben." (BFA 13, 73 f.) – endete. War die *Legende* ein poetisches Dokument für Brechts Haltung am Ende des Ersten Weltkriegs

Ende des Ersten Weltkriegs

---

89 Klaus Schuhmann: *Wider das wilhelminische Heldentum*. In: Knopf, Gedichte von Bertolt Brecht, S. 22. Unter den zahlreichen Interpretationen sind die hier zitierte und die in Schuhmann, Der Lyriker Bertolt Brecht, S. 48–52 am überzeugendsten.
90 Fradkin, S. 39

1918 und eröffnete programmatisch 1933 die Sammlung *Lieder Gedichte Chöre*, so führte Brecht diesen Gedichttyp anlässlich ähnlicher Ereignisse weiter.

1941 verwendete er ihn in der Ballade *Kinderkreuzzug 1939*.[91] Sie sollte zuerst eine Filmstory werden. Brecht dachte mehrfach über andere Formen für diesen Stoff, auch einen Roman, nach. Die deutschen Faschisten hatten große Teile Europas unter Kontrolle. Wiederum im Ton eines Volksliedes, kombiniert mit der Chevy-Chase-Strophe, wird über Vernichtung und Zerstörung gesprochen. Wie in der *Legende* ist von einem Zug die Rede, der diesmal „in Polen begonnen hat" (BFA 15, 50). Wie dort führt auch dieser Zug durch Dörfer, diesmal „zerschossene"; das Wort bekommt durch mehrfache Wiederholung eine besondere Bedeutung. Nicht Militärs marschieren, sondern Kinder suchen ein Land des Friedens; deshalb der Titel *Kinderkreuzzug*

Kinderkreuzzug

(Kreuzzüge sollten eigentlich friedliche Züge in das gesegnete Land sein). Die Kinder sind ein Gegenpol zu dem geistlosen Soldaten der *Legende*, die Suche nach dem friedlichen Land der Gegenpol zum Heldentod. Der Widerspruch steht bereits im Titel, der auf den französischen Kinderkreuzzug von 1212 anspielt. Die Suche nach einem friedlichen Land beginnt 1939 („eine blutige Schlacht"); sie setzt in Polen ein, das als erstes überfallen wurde. Widerspruchsetzungen führen durch das gesamte Gedicht: „ein kleiner Führer" kennt den Weg nicht, eine „Elfjährige" übernimmt Mutterpflichten, ein Musiker darf nicht trommeln, um den Zug nicht zu verraten. Als er die Trommel dennoch schlagen darf, hört sie niemand. Es ist die Welt der Erwachsenen, die sich bei den Kindern wiederholt und abbildet. Im Gegensatz zu jener Welt spielen in der Welt der Kinder rassische, politische oder religiöse Unterschiede keine Rolle; deshalb können sie gemeinsam nach Frieden suchen. Bei der Diskussion zu

---

91 Vgl. als Interpretation: Silvia Schlenstedt: *Kinderkreuzzug 1939*. In: Weimarer Beiträge, Brecht-Sonderheft/1968, S. 12 ff.

Übersetzungen betonte Brecht: „Alles Religiöse muß da entfernt werden, alles Mystische weg."[92] Das entsprach der grundsätzlichen Haltung Brechts, der vor religiöser Verführung fortwährend warnte, erstmals eindringlich in dem Schlussgedicht der *Hauspostille Gegen Verführung* („Laßt euch nicht verführen! / Es gibt keine Wiedekehr."; BFA 11, 116)

Im Wesen des Kinderkreuzuges bildet sich politisch der Volksfrontgedanke ab. der Volksfrontgedanke

Seit dem VII. Weltkongress der Komintern 1935 betrachteten die Kommunisten alle politischen Feinde des Faschismus als Partner; ab 1936 regierte in Spanien erstmals in Europa eine Volksfrontregierung. Brecht erinnerte mit dem Gedicht an diese Politik, die seit der Niederlage der Volksfront im Spanischen Bürgerkrieg 1939 und seit Beginn des Zweiten Weltkrieges am 1. September 1939 ihre Bedeutung verloren hatte.

Die Kinder verschwinden „bei starkem Schneewehn". Es ist eine kalte Welt, in der kein Platz für Menschliches ist. Brecht setzte in seiner Lyrik eine Vielzahl solcher Kältemotive ein; im *Kinderkreuzzug 1939* sind sie vom Beginn an beherrschend. Die Kinder versuchen, der Kälte zu entfliehen und ziehen nach Süden, in wärmere Regionen des Friedens. Nur das lyrische Subjekt sucht die Kinder weiter und ahnt, dass ihre Suche vergeblich war.

Eine ähnliche Stellung wie die *Legende* nahm ein doppelt so umfangreiches Gedicht ein: *Freiheit und Democracy oder Der anachronistische Zug* (1947). Zitiert wird die erste Strophe:

> Frühling wurd's in deutschem Land.
> Über Asch und Trümmerwand
> Flog ein erstes Birkelgrün
> Probweis, delikat und kühn
> (BFA 15, 183 ff.)

---

92   Brecht an Ruth Berlau (18. September 1943). In: Ders., Briefe, Bd. 1, S. 454

Auf zwei alten Tafeln, erinnernd an die Gesetzeswerke Moses'
im Alten Testament, wird eine alte Inschrift durch das Land
getragen: „Freiheit und Democracy". Hinter ihr sammeln sich
wie in der *Legende* die Repräsentanten der alten Macht: Pater
und alte Kämpfer – gekennzeichnet durch die „langen Messer",
erinnernd an den Röhm-Putsch von 1934 –, die „grauen Herren
von den Kartellen" und Ärzte, Gelehrte und „Stürmerredakteure"
– der *Stürmer* war eine antisemitische, zu Verbrechen aufrufende
Wochenzeitung der Nazis –; es ist ein Querschnitt jener sozialen
Gruppen, die den Faschismus ermöglichten, ihn unterstützten
und mitbestimmten. Bereits kurz nach dem Zweiten Weltkrieg
fand Brecht erschüttert Anzeichen der Restauration und stellte sie
sarkastisch aus. Brechts Methode des Zeigens, des demonstrativen
Hinweisens wird im Titel deutlich, in dem statt „Demokratie" die
englische Entsprechung erscheint. Somit ist dies ein Hinweis
auf die USA. Ähnlich hatte Rimbaud mit dieser Form gearbei-
tet und eine „gigantische() Ausbeutung: Industrie und Armee!"[93]
beschrieben. Brechts Gedicht ist in seiner Form – eine sangbare
Ballade mit vierversigen Strophen und einem wechselnden, in
diesem Fall ein vorwiegend trochäisches Versmaß –, in seiner
entlarvenden Bedeutung und in seinem Sarkasmus ein Pendant
zur *Legende vom toten Soldaten*. Vorbild für *Freiheit und Democracy*
war neben dem eigenen Gedicht Percy Bysshe Shelleys Gedicht
The Masque of Anarchy (Der Maskenzug der Anarchie), die Brecht
1938 übersetzt hatte und in seinem Aufsatz *Weite und Vielfalt der*
realistischen Schreibweise (1938, gedruckt erst 1955) verwendete:
„20. 3. 47 stelle DER ANACHRONISTISCHE ZUG fertig. Eine art
paraphrase von shelleys ‚*the masque of anarchy*'."[94]

---

93   Arthur Rimbaud: *Democracy*. In: Ders.: Sämtliche Werke. Leipzig: Insel, 1976, S. 291
94   Brecht, *Arbeitsjournal*, S. 420

Erinnerung an die Marie A.

1
An jenem Tag im blauen Mond September
Still unter einem jungen Pflaumenbaum
Da hielt ich sie, die stille bleiche Liebe
In meinem Arm wie einen holden Traum.
5 Und über uns im schönen Sommerhimmel
War eine Wolke, die ich lange sah
Sie war sehr weiß und ungeheuer oben
Und als ich aufsah, war sie nimmer da.

2
Seit jenem Tag sind viele, viele Monde
10 Geschwommen still hinunter und vorbei
Die Pflaumenbäume sind wohl abgehauen
Und fragst du mich, was mit der Liebe sei?
So sag ich dir: Ich kann mich nicht erinnern.
Und doch, gewiß, ich weiß schon, was du meinst
15 Doch ihr Gesicht, das weiß ich wirklich nimmer
Ich weiß nur mehr: Ich küßte es dereinst.

3
Und auch den Kuß, ich hätt ihn längst vergessen
Wenn nicht die Wolke da gewesen wär
Die weiß ich noch und werd ich immer wissen
20 Sie war sehr weiß und kam von oben her.
Die Pflaumenbäume blühn vielleicht noch immer
Und jene Frau hat jetzt vielleicht das siebte Kind
Doch jene Wolke blühte nur Minuten
Und als ich aufsah, schwand sie schon im Wind.

Das Gedicht entstand am 21. Februar 1920 im Zug nach Berlin; Brecht trug es in sein Notizbuch unter der Überschrift *Sentimentales Lied Nr. 1004* ein. Unter den Text schrieb er: „Im Zustand der gefüllten Samenblase sieht der Mann in jedem Weib Aphrodite." (BFA 11, 318) Das stand im Gegensatz zur Überschrift; das Gedicht ist weniger sentimental als vielmehr trivial und soll es auch

Trivialität

sein, nichts ist romantisch oder volksliedhaft. Mit der Trivialität kannte Brecht sich aus: Er trug sich in dieser Zeit mit mehreren Plänen zu höchst trivialen Drehbüchern, um Geld zu verdienen. Im gleichen Jahr entstand *Sentimentales Lied Nr. 78*, in dem ein lyrisches Subjekt in einer Nacht der Liebe sich die Schönheiten seines Todes ausmalt (BFA 13, 170).

Das Gedicht gehört zu den bekanntesten und zu den am häufigsten interpretierten Gedichten Brechts.[95] Es war Stefan Heyms „liebstes Brecht-Gedicht"[96]. Zu seiner Verbreitung hat die Vertonung Hanns Eislers beigetragen.

Es erschien 1926 in Brechts *Taschenpostille* (Privatdruck) und 1927 in der *Hauspostille. Mit Anleitungen, Gesangsnoten und einem Anhange*. Die Gedichte der Sammlung, von Brecht meist als Balladen verstanden, sind zwischen 1916 und 1925 entstanden. Darunter sind bekannte Texte wie *Apfelböck oder Die Lilie auf dem Felde, Von der Kindesmörderin Marie Farrar, Ballade von den Seeräubern* („Von Branntwein toll und Finsternissen ...") und *Gegen Verführung*. Brechts Sammlung wollte atheistischer Gegenentwurf zu Martin Luthers *Hauspostille* (1544) und ähnlichen religiösen Postillen sein.

---

95 Unter den zahlreichen Interpretationen sind besonders aufschlussreich: Schuhmann, Der Lyriker Bertolt Brecht, S. 76–81 und Jan Knopf: *„Sehr weiß und ungeheuer oben".* In: Ders., Gedichte von Bertolt Brecht, S. 31–41.

96 Stefan Heym: *Mein liebstes Brecht-Gedicht.* In: Neues Deutschland, 27. April 1998

Postillen waren moralisch-religiöse Erklärungen auf der Grundlage von Bibeltexten, somit religiöse Erbauungsbücher; sie wurden im katholischen Umfeld in Lektionen, im protestantischen in Epistel gegliedert. Die *Hauspostille* erschien in der Aufmachung kirchlicher Predigt- und Gesangbücher, zweispaltig und typographisch wie Kirchenlieder gedruckt und im Ledereinband, ihr Inhalt stand aber dem Vorbild parodistisch gegenüber.[97] Ähnlich ging Brecht nach 1933 mit Kirchenliedern (*Befiehl du deine Wege, So nimm denn meine Hände* u. a.) um, denen er einen neuen antifaschistischen Inhalt gab.

Brecht verwendete „Lektionen". In der *3. Lektion: Chroniken*, angelehnt an die *Chroniken* (*Geschichtsbücher*) des Alten Testaments, steht als neuntes Gedicht *Erinnerung an die Marie A.* Der Name im Titel geht auf Brechts erste große Liebe, die fünfzehnjährige Friseurtochter Marie Rose Aman, die er 1916 in einer Eisdiele kennen gelernt hatte, zurück; die Liebe dauerte noch während Brechts Studium an, war aber trotz aller Bemühungen erfolglos. Im Tagebuch findet sich für den 20. August 1920 eine Eintragung, die der Grundsituation des Gedichts entspricht: „Vorher bin ich mit der Rosmarie gespaziert, sie ist aufgegangen und verblüht, ich verlasse sie ganz, Gott behüte sie!"[98] Im Gegensatz zum AT sind es keine bedeutenden Menschen, die vorgestellt werden, sondern schlichte und einfache, die man – wie Marie A. – schnell vergessen kann.

Einleitend gibt Brecht Hinweise zum Gebrauch der *Lektionen*, die dritte „durchblättere man in den Zeiten der rohen Naturgewalten", worunter er „Regengüsse, Schneefälle, Bankerotte usw."

---

97 Die Erstausgabe wurde 1978 vom Aufbau-Verlag nochmals in der ursprünglichen Aufmachung veröffentlicht.
98 Brecht, *Tagebücher 1920–1922*, S. 27

versteht (BFA 11, 39). Ein finanzpolitischer und ökonomischer Vorgang wurde unter die Naturgewalten eingereiht: Bankrotte folgten Naturgesetzen. Diese Auffassung hatte sich während der naturalistischen Zeit in Deutschland entwickelt – das erfolgreiche Schauspiel des Literaturnobelpreisträgers Björnstjerne Björnsons *En fallit* (Ein Zusammenbruch, 1875) wurde zum Vorbild für deutsche Schriftsteller wie Gerhart Hauptmann, Arno Holz und Johannes Schlaf – und folgte der naturwissenschaftlichen Determination des Menschen, wie sie sich seit Darwin durchgesetzt hatte. Brecht blieb nicht dabei stehen, sondern setzte „die Abenteuer kühner Männer und Frauen in fremden Erdteilen" (BFA 11, 39) dagegen. *Erinnerung an die Marie A.* hat davon allerdings wenig und wird deshalb auch nicht in der Reihe der Kurzinterpretationen Brechts aufgeführt. Es handelt sich

eine private Erinnerung

um eine private Erinnerung und der Form nach eher um ein Liebesgedicht, dem Brecht einen neuen Inhalt gibt: Nicht die Liebe steht mehr im Mittelpunkt, sondern die Erinnerung an eine Liebe. Brecht schrieb die Gedichte der Sammlung in regelmäßigen Versen und sehr liedhaft; sie sollten singbar sein, „und zwar auf einfachste Weise, ich selber komponierte sie"[99].

Das Gedicht reiht besonders in der ersten Strophe triviale Bilder aneinander, die das lyrische Subjekt in Ermangelung echter Erinnerungswerte zusammenstellt. Diese Bilder erwecken den Anschein einer echten „Erinnerung". Die zweite Strophe wiederholt diese Reihung, hebt sie aber schließlich auf, denn das lyrische Subjekt kann sich nicht „erinnern" (V. 13). Zwei auffallende Brüche zerstören die Ansätze einer Erinnerung: Erstens sprengt der Vers „Und jene Frau hat jetzt vielleicht das siebte Kind" (V. 22) die trivialen Reihungen. Rose Aman hat später in einem Interview mitgeteilt, Brecht habe ihr sieben Kinder versprochen.[100] Der

99 Bertolt Brecht: *Über reimlose Lyrik mit unregelmäßigen Rhythmen.* In: Ders., Über Lyrik, S. 97
100 Jan Knopf: „*Sehr weiß und ungeheuer oben*". In: Ders., Gedichte von Bertolt Brecht, S. 32

Gegensatz vom unschuldigen Kuss der Liebenden unter einem Pflaumenbaum und einer Frau mit sieben Kindern ist nicht aufzuheben; die Erinnerung wird endgültig bedeutungslos („... als ich aufsah, schwand sie schon im Wind."; V. 24). Das Glück dauert einen Augenblick und verschwindet dann in Alltäglichkeit.

Zweitens wird der letzte Vers der ersten Strophe am Schluss wiederholt; der Unterschied ist aber bedeutsam: Beim ersten Mal ist die Wolke „nimmer da" (V. 8). Wie sie verschwand, ist dem lyrischen Subjekt unbekannt, denn in dieser Zeit erlebte es den erfüllten Augenblick. Beim zweiten Mal wird das lyrische Subjekt nicht abgelenkt und sieht, als es „aufsah, schwand sie schon im Wind" (V. 24). Das lyrische Subjekt sieht eine natürliche Bewegung: Die Wolke ist ein Sinnbild schneller Vergänglichkeit; dennoch wird sie hier ein Symbol der Dauer und Erinnerung. Diese Haltung sollte erst in den *Liebesliedern* (1950) aufgehoben werden. Das Vergessen ist eine logische Konsequenz von Bewegungen und Veränderung.

Auf die beabsichtigte Trivialität machte der ursprüngliche Titel *Sentimentales Lied* aufmerksam. Bei der Rezeption der Lieder und Gedichte Brechts empfanden viele Hörer diese Trivialität und Sentimentalität durchaus als angenehm und wohltuend. Sie genossen genau jenes „Kulinarische" der Poesie, das Brecht ausschalten wollte. Statt einer schockierenden Provokation entstand eine ungewollte Identifikation, sowohl mit Songs und Liedern aus Stücken (*Dreigroschenoper*), als auch mit *Erinnerung an die Marie A.*

ungewollte Identifikation

Auf den biografischen Anlass und die titelgebende Person weist nur wenig hin. Brecht beschrieb 1917 dem Freund Neher die Geliebte: „Sie hat weiche, feuchte, volle Lippen in dem blassen durstigen Gesichtchen" (BFA 11, 51), im Gedicht ist sie „die stille bleiche Liebe" (V. 3). Die Liebe ist aber vergangen und vergessen, geblieben ist die unfassbare Wolke, die über der Begegnung der beiden Menschen stand. Am 26. August 1920 erlebte Brecht mit Marie A. „abends eine liebliche Dämmergeschichte (...) der Himmel ist bewölkt, er schwimmt über uns weg, und in den Gebüschen rumort der Wind: er langt ihnen leider unters Laub."[101] Auch die Konturen der Geliebten werden wieder erinnert, da sie mit der Wolke farblich korrespondieren.

Es sind mehrere Quellen und Anregungen für das Gedicht bekannt, unter anderem Mozarts *Don Giovanni*: Auf das Liebesregister des Librettisten Lorenzo Da Ponte,

Don Giovanni

nach dem Don Giovanni in Spanien 1003 Frauen erobert haben soll, zielt die 1004. Eroberung im ursprünglichen Titel: Brechts lyrisches Subjekt will Don Giovanni übertreffen. Auf eine unmittelbare Vorlage, von der sich das Gedicht als Parodie erklärt, machte Jan Knopf aufmerksam: „Wie üblich liegt keine Originalschöpfung Brechts vor, das Gedicht ist vielmehr eine Parodie, und zwar auf einen Schlager der Zeit, *Tu ne m'aimais pas* von Léon Laroche, vertont von Charles Malo."[102] Aus dieser Vorlage erklärt sich die beabsichtigte sprachliche Trivialität. Karl Valentin übernahm den Schlager in seine Szene *Tingeltangel*, wo ihn Brecht unter dem Titel *Das verlorene Glück* kennen gelernt haben könnte. Der Refrain lautete:

> Zu jener Zeit, wie lieb ich dich, mein Leben
> Ich hätt geküßt die Spur von deinem Tritt,
> Hätt gerne alles für dich hingegeben
> Und dennoch du – du hast mich nie geliebt.[103]

Brecht übernahm Wortgruppen wie Versatzstücke („Zu jener Zeit"), variierte sie („Seit jenem Tag") und fügte sie einem Gedicht ein, dass zwar den Klang des Vorbildes wiederholte – Rhythmus

101 Brecht, *Tagebücher 1920–1922*, S. 30

102 Jan Knopf: „*Sehr weiß und ungeheuer oben*". In: Ders., Gedichte von Bertolt Brecht, S. 33

103 Karl Valentin: *Monologe. Dialoge. Couplets. Szenen.* Hrsg. von Joachim Schreck. Berlin: Henschelverlag Kunst und Gesellschaft, 1973, S. 153 f.

und Metrik stimmen überein –, in seinem Inhalt aber das Gegenteil war: Nicht die Geliebte hat „nie geliebt", sondern das männliche lyrische Subjekt. Auch findet die Liebe nicht im Sommer und „am kalten Winterabend ... am traulichen Kamin"[104] statt, sondern im sterbenden Herbst.

Der wichtigste Begriff des Gedichtes ist „Wolke". Über ihn wird die vergessene

„Wolke"

Liebe erinnert. Sie war „sehr weiß und ungeheuer oben" und „blühte nur Minuten" (V. 7 und V. 23). „Sollte die Wolke ... in diesem Gedicht die Liebe symbolisieren, ihre Reinheit und zugleich ihre Vergänglichkeit?"[105], fragte der Literaturkritiker Marcel Reich-Ranicki und gab die Antwort selbst, das Gedicht deutlich abwertend: „Dann wäre gar die Liebe, wie einst in einer Operette gesungen wurde, eine Himmelsmacht." Die Wolke ist bei Brecht jedoch mitnichten ein Symbol der Liebe, sondern eine Realität. Sie zieht im Augenblick der Liebeserfüllung über die Liebenden hinweg. So bleibt sie in der Erinnerung, während der erfüllte Augenblick verblasst. Dahinter steht auch der bestimmende Gedanke, dass Dauer durch Bewegung entsteht, Vergänglichkeit durch Erfüllung.

Dass eine Wolke in Erinnerung blieb, hängt mit einer Vielzahl von Bedeutungen zusammen, die man ihr gab. Fruchtbarkeit und Wachstum wurden mit Wolken verbunden und in Apsaras, sinnlichen Nymphen des Hinduismus, personifiziert. Im Christentum galten auffällige Wolken als göttliche Hilfe und Zeichen Gottes. Ähnlich göttlich werden die Wolken im Buddhismus gesehen, sie sind heilig und mystisch, Bild der Vereinigung von Yin und Yang.

Die Wolke ist demgemäß die Verbindung des Menschen mit dem Göttlichen, dem Gott und der Natur. In dieser Bedeutung

Verbindung des Menschen mit dem Göttlichen

---

104 Ebd., S. 154
105 Marcel Reich-Ranicki: *Das dialektische Liebesgedicht*. In: Ders., 1000 deutsche Gedichte, S. 253

finden sich „Wolken" in mehreren anderen Gedichten von 1920.[106]
Diese Bedeutung tritt auch in *Erinnerung an die Marie A.* auf. Dass
es um die Beziehung zwischen dem Menschen und dem Göttlichen geht, wird auch in der Betonung des „oben" und „kam von
oben her" (V. 7 und V. 20) erkennbar. Hier werden Elemente des
christlichen Glaubensbekenntnisses in das Gedicht projiziert:
Statt des angekündigten Christus kommt die Wolke „von oben
her". Ernst Bloch formulierte dazu folgenden Gedanken: „Die
Wolke, ‚sehr weiß und ungeheuer oben', von der Brechts ‚Erinnerung an die Marie A.' spricht, wird nie vergehen. Sie ist er selber
geworden, hoch und nah, lauter Licht und ganz menschlich."[107]
Das Gedicht weist Begriffe auf, die für Brechts gesamte Lyrik
Bedeutung haben: blau, Mond, Pflaumenbaum, Wolke. Sie gehören zu den Requisiten romantischer

Requisiten romantischer
Dichtung

Dichtung. „Blau" ist die zentrale Farbe
der Romantik in der Metapher von der
„blauen Blume". Brecht setzte sie in dieser Bedeutung ein. In seinem Gedicht *Romantik* (1917) besang er ein Schiff, „das blau war
wie das Meer" und schloss mit den Versen: „Denn mit dem Lenz
in nebelblauer Ferne / Verschwand das blaue fremde geisterhafte
Schiff." (BFA 13, 98) Jugendliche Sehnsucht und Schwelgen in
Gefühlen nutzen diese romantischen Requisiten, die dem Gedicht auch seinen Ton und seinen Klang gaben. Die eigenartige
Schönheit des Gedichts entsteht aus dem Widerspruch zwischen
dieser romantischen schönen Szenerie und der Fragwürdigkeit
der menschlichen Gefühle. Brecht zerstörte dieses romantische
Thema: Nichts ist von einer dauerhaften Liebe zu lesen (V. 13),
nichts von der beeindruckenden Schönheit der Frau (V. 14), nichts
von der Ewigkeit einer Bindung (V. 22), nichts von den Zärtlich-
keiten (V. 17). So geraten die romantischen Requisiten und der
erinnerte Vorgang, der seine Romantik verloren hat, in einen un-

---

106 Vgl. *Die Wolken ziehen immer fort*; BFA, Bd. 13, S. 172 und andere
107 Ernst Bloch: *Brecht-Epitaph*. In: Knopf, Bertolt Brecht, S. 486 f.

auflösbaren Widerspruch, der nur durch einen Vorgang gemildert wird: Der Pflaumenbaum wandelt und erneuert sich. Ist er in der ersten Strophe als junger Pflaumenbaum Zeuge der Liebe, hat er in der zweiten Strophe seine irdische Existenz mutmaßlich aufgegeben; die Liebe war vergessen. Mit der Erinnerung daran „blühn" auch Pflaumenbäume wieder, und es wird neue Begegnungen geben. Damit wird aus dem Liebesgedicht, das in der zweiten Strophe keines mehr ist, ein Gedicht der fortwährenden Erneuerung, des Sterbens und Auferstehens, des Augenblicks

Gedicht der fortwährenden Erneuerung

und der Dauer, abgeleitet aus natürlichen Vorgängen von Pflaumenbaum und Wolke. Es ist der Beginn eines neuen Weges in der Lyrik, in dem bewährte Requisiten mit neuen Inhalten in eine provokante Beziehung gebracht werden.

Der provokanteste Umgang mit vorhandener Dichtung in der *Hauspostille* findet sich im Gedicht *Liturgie vom Hauch*, in dem Armut und staatliche Ordnung in Konflikt geraten; wie einen Refrain unterlegt Brecht parodistisch der *Liturgie* Goethes *Ein Gleiches* („Über allen Gipfeln ist Ruh").

Der Pflaumenbaum im vorliegenden Gedicht deutet ein umfangreiches Thema in Brechts Werk an: die Bäume. Sie sind immer Symbole für das

Bäume

Leben; fehlen sie oder sterben sie, droht Tod und Vernichtung. In den *Svendborger Gedichten* (1939) findet sich das Gedicht *Der Pflaumenbaum* – es ist das „liebste Brecht-Gedicht"[108] der Schriftstellerin Helga Schütz und ein beliebter Schultext.[109] Darin wird ein kleiner Pflaumenbaum, der im Gedicht personifiziert wird und wie ein Mensch erscheint, mit dem eigenen Überleben konfrontiert. Schließlich überlebt er, aber sein Sieg ist zwiespältig, denn er trägt keine Früchte, man erkennt ihn „an dem Blatt" (BFA

---

108 Helga Schütz: *Mein liebstes Brecht-Gedicht*. In: Neues Deutschland, 8. Juni 1998
109 Vgl. *Brücken*. Mitteldeutsches Lesebuch. 2. Schuljahr. Bühl: Konkordia, 1994 und zugehöriger Kommentarband

12, 21). Das aber ist dem lyrischen Subjekt ähnlich wertvoll wie die Frucht. Es ist ein melancholisches Gedicht, denn der kleine Pflaumenbaum kann nicht die Aufgabe erfüllen, zu der er berufen ist. Diese Reduktion des Natürlichen auf das Blatt hängt mit Brechts veränderter Dichtungskonzeption zusammen, die der Natur nach 1933 wenig oder keinen Raum mehr gibt. Auch soll das Gedicht nicht nur über den Baum im Hinterhof, sondern über Menschen im Hinterhof sprechen. Die dritte Strophe ist durch ihren Kreuzreim im Gegensatz zum Paarreim der beiden ersten Strophen von diesem abgesetzt und verdeutlicht eine Moral: Auch wenn der Pflaumenbaum nicht das bringt, was man erwartet – er hat nie eine Frucht –, verdient er sorgfältige Pflege, denn er hat das „Blatt". Ein ähnlicher Baum wird im *Kinderkreuzzug 1939* beschrieben: Er kann nicht blühen, weil „so viel Schnee drauf fällt" (BFA 15, 52). Der unterschiedliche und immer aussagestarke Umgang in Brechts Gedichten mit Bäumen wird die Interpretationen bis zum Gedicht *Der Blumengarten* (siehe S. 145 ff. der vorliegenden Erläuterung) begleiten.

Form

In der Form lebt das Gedicht vom Gegensatz der traditionellen Gestalt und ihrer Auflösung. Die achtversigen Strophen sehen wie Stanzen aus, sind es aber nicht. Zur Stanze fehlen die weiblichen Enden der gereimten Verse; sie sind alle männlich (Baum-Traum, sah-da, vorbei-sei, meinst-dereinst, wär-her, Kind-Wind). Dagegen sind die für die Stanze üblichen weiblichen Versenden, die sich reimen müssten, alle reimlos. Kurz vor Ende erweitert sich der fünfhebige Jambus zum sechshebigen (V. 22). Die Reime, die durchweg beiläufig sind, erweisen sich als Widerspruch zu denen der Stanze (ababcc), indem sie sich nur in der Hälfte aller Verse finden und diese nicht der Stanzenstruktur entsprechen (abcbdefe), auch wird die Zweiteiligkeit der Strophe (6 + 2) aufgegeben. Damit wird kein Merkmal der Stanze tatsächlich umgesetzt; wie beim Inhalt erweist sich auch die Form als ein Widerspruch zwischen dem Anspruch des Erscheinungsbildes und seiner formalen Umsetzung. Schließlich passen die angedeutete Stanze, die traditionell meist für große Inhalte benutzt wird, und der unscheinbare Vorgang einer fast vergessenen Liebe nicht zueinander.

In Brechts Dichtungen ist die dialektische Ordnung immer mitzudenken. In

die dialektische Ordnung

dem Gedicht benutzt sie die Strophenstruktur und organisiert den Zeitablauf: das einmalige Erlebnis „an jenem Tag" (V. 1) (These) – die dauerhafte Alltäglichkeit „seit jenem Tag" (V. 9) (Antithese). Beides hebt sich auf in der Synthese von „immer" (V. 19) und den die Dauer bildenden „Minuten" (V. 23). Dass beide Begriffe zusammengehören und sich aus der kleinen Zeiteinheit des Augenblicks die zeitliche Dauer ergibt, wird in der doppelten Verwendung im Präsens und Imperfekt des gleichen Wortes „blühen" deutlich: „blühn vielleicht noch immer" (V. 21) – „blühte nur Minuten" (V. 23). Das Gedicht nutzt die Zeitformen des Verbs als Gliederungselement: Die 1. Strophe verwendet ausschließlich das Präteritum, verstärkt durch die dreimalige Verwendung von „war" als Inbegriff der Vergangenheit (Es war einmal). Die 2. Strophe führt über das Perfekt („sind geschwommen"; V. 10) zum Präsens („weiß" u. a.): Die verblasste Erinnerung soll aufgefrischt werden, das betroffene lyrische Subjekt spaltet sich in einen fiktiven Befrager („Und fragst du mich"; V. 12) und einen Befragten auf und statt des dreifachen „war" steht nun das dreifache „weiß". Aber der Versuch misslingt („weiß nimmer", „weiß nur"; V.15 f.). In der 3. Strophe treffen Präteritum und Präsens aufeinander, ergänzt durch das Futur („werd ich immer wissen"; V. 19). Dabei kommt es zu einem „umgewandten Zeitbezug", wie Albrecht Schöne hervorhebt: „Die Redeweise der Gegenwart dient dem Vergessen – die der Vergangenheit dem wahrhaft Gegenwärtigen."[110] In den

---

[110] Albrecht Schöne: *Bertolt Brecht, Erinnerung an die Marie A.* In: Die deutsche Lyrik. Form und Geschichte. Bd. 2. Hrsg. von Benno von Wiese. Düsseldorf: Bagel, 1956 ff., S. 489, erneut in: Gedichte aus unserer Zeit. Interpretationen. Hrsg. von Karl Hotz und Gerhard C. Krischker. Bamberg: Buchner, 1990

beiden Schlussversen – sie stehen im Präteritum – wird das einzig
wirklich Erinnerte beschrieben, das auch in der Zukunft bleiben
wird („werd ich immer wissen"). Dagegen ist das gegenwärtige
„Die Pflaumenbäume sind wohl abgehauen" (V. 11) etwas längst
Vergangenes und Vergessenes, verstärkt durch das „wohl".

Das reziproke Verhältnis der Zeitebenen ist einem komplizierten
Entstehungsprozess des Gedichts zu verdanken. Dass die weiße
Wolke und das weiße Gesicht der Geliebten in einem Gedicht
zusammenkamen, unterlag einem „offensichtlich langwierigen
lyrischen Kristallisationsvorgang"[111], findet sich auch in *Baal*
(1918), aber auch in anderen Gedichten dieser Zeit (*Ballade vom
Tod des Anna Gewölkegesichts,* um 1921): „Wie war ihr Gesicht? Es
verschwamm in den Wolken." (BFA 13, 235) Das ist eine Formel
für den Weltanspruch Baals, dessen Nihilismus zuerst die menschlichen Beziehungen betraf und auch für die Liebe keinen Platz
hatte. Nur der Augenblick ist erlebenswert, dann verfällt die Lie-
besbeziehung wieder einem Vergessen.

die klangliche Struktur   Großen Wert legte Brecht auf die klangliche Struktur des Gedichts, deren
Grundton er von der Vorlage des Schlagers übernahm. Durchgän-
gig werden Assonanzen (i-Assonanz im 3. Vers, eine durchge-
hende o-Assonanz usw.) und Alliterationen verwendet: Auffallend
ist die w-Alliteration, im 4. Vers vorbereitet mit „wie" und im 6.
Vers mit „war", dann durchgehend von „Wolke" über „weiß" und
„ich weiß", schließlich mit „Wind" endend usw. Die Assonanz
„Pfl**au**menb**au**m" fällt besonders auf, die klanglich die 1. Strophe
bestimmt (bl**au**en, Tr**au**m, **au**fsah) und in den beiden anderen
Strophen nachklingt (Pflaumenbaum, abgehauen, Frau). Die „se-
xuellen Konnotationen (die Pflaume als weibliches Sexual-Symbol
ist ein alter Topos)"[112] sind nicht zu übersehen. Anaphern wie
„Doch ihr Gesicht" – „Doch jene Wolke" sind ein immer wieder-

---

111 Schuhmann, *Der Lyriker Bertolt Brecht*, S. 79
112 Jan Knopf: *„Sehr weiß und ungeheuer oben".* In: Ders., Gedichte von Bertolt Brecht, S. 36

kehrendes Mittel, um Stereotype zu schaffen oder „die Identifikation des ,Gesichts' mit der Wolke formal sehr deutlich"[113] zu betonen.

Der Büchner-Preisträger und Brecht-
Schüler Volker Braun setzte sich oft mit

Volker Braun

Dichtungen Brechts in Beziehung, indem er ihr Gegenteil befragte. Zur *Erinnerung an die Marie A.* gibt es von ihm mehrere Adaptionen. Die früheste, im Gedicht *Auseinandergehn*, erschien im Band *Provokation für mich* (1965); sie beschrieb einen Abschied, der Hoffnung auslöst. Es war ein Gegenentwurf zu Brecht, den er im Strophenbau allerdings zitierte. Auch die Wolke wurde umgedeutet; in ihr hatten sich die Liebenden getroffen: „Morgen werde ich aus deiner Wolke steigen / Und dich in den Himmel weiterschwimmen lassen." Nicht Erinnerung wird bedichtet, sondern Abschied:

> Und ich werde manchmal noch nach oben schauen
> Ob nicht noch ein Stückchen blaue Freude in dir ist?
> Nur, wenn ich dein Trauern spür in den Gewittern
> Fragen: bin ich ganz umsonst bei dir gewesen?[114]

Braun schrieb auch ein Gedicht mit dem Titel *Erinnerung der Marie A.* Er verwendete darin Brechts Rhythmus, den gleichen Vers- und Strophenbau sowie Brechts Wortmaterial, fragte aber nun, wie Marie A. den Vorgang erlebt haben könnte. Auch sie hat kaum Erinnerungen und schildert die Begegnung anders:

> Sie kann sich an die Wolke nicht erinnern
> An der viel lag, wenn man dem glauben muss.
> Und Pflaumenbäume – warens nicht Kastanien?
> Und nichts war schlimm dereinst wie dieser Kuss:

---

113 Ebd.
114 Volker Braun: *Auseinandergehn.* In: Ders.: Texte in zeitlicher Folge. Bd. 1. Halle, Leipzig: Mitteldeutscher Verlag, 1989, S. 67

> Sie sah zu Boden und nicht in den Himmel
> In den sie gern, den ersteren, versunken wär.
> Und jenen Mann schob sie an eine weiter
> Die auch nicht wollte, aber er zu sehr.[115]

Brauns Gegendarstellung, die bekannte biografische Details Brechts verwertet, zeigt den Übergang von Wirklichkeit zu Dichtung und weist aus, dass durch Dichtung eine eigene Wirklichkeit entsteht, die nicht problemlos auf die realen Ereignisse zurückprojiziert werden kann.

---

115 Volker Braun: *Erinnerung der Marie A.* In: ebd., Bd. 6, S. 82

Fragen eines lesenden Arbeiters

Wer baute das siebentorige Theben?
In den Büchern stehen die Namen von Königen.
Haben die Könige die Felsbrocken herbeigeschleppt?
Und das mehrmals zerstörte Babylon
5 Wer baute es so viele Male auf? In welchen Häusern
Des goldstrahlenden Lima wohnten die Bauleute?
Wohin gingen an dem Abend, wo die chinesische Mauer fertig
      war
Die Maurer? Das große Rom
Ist voll von Triumphbögen. Wer errichtete sie? Über wen
10 Triumphierten die Cäsaren? Hatte das vielbesungene Byzanz
Nur Paläste für seine Bewohner? Selbst in dem sagenhaften
      Atlantis
Brüllten in der Nacht, wo das Meer sie verschlang
Die Ersaufenden (wohl) nach ihren Sklaven.
      (wohl) = Zusatz 1944

Der junge Alexander eroberte Indien.
15 Er allein?
Cäsar schlug die Gallier.
Hatte er nicht wenigstens einen Koch bei sich?
Philipp von Spanien weinte, als seine Flotte
Untergegangen war. Weinte sonst niemand?
20 Friedrich der Zweite siegte im Siebenjährigen Krieg. Wer
Siegte außer ihm?

Jede Seite ein Sieg.
Wer kochte den Siegesschmaus?
Alle zehn Jahre ein großer Mann.
25 Wer bezahlte die Spesen?

So viele Berichte.
So viele Fragen.

Das Gedicht entstand 1935 und wurde erstmals in *Das Wort* (Moskau, 1936) gedruckt. Dann wurde es in die *Svendborger Gedichte* (1939) und, leicht verändert, in die *Gedichte im Exil* (1944) aufgenommen. Der geschilderte Vorgang ist einfach: Ein Arbeiter liest in Geschichtswerken der bürgerlichen Geschichtsschreibung; nur die einsamen historischen Größen stehen im Mittelpunkt. Davon, dass viele Menschen die Taten der Großen und Mächtigen erst möglich machten, ist keine Rede. Allein das zu korrigieren, ist die vordringliche Aufgabe des Gedichts. Seine Bedeutung erhält das Gedicht zusätzlich dadurch, dass es am Beginn der *Chroniken* (in den *Svendborger Gedichten*) steht und alle folgenden Gedichte des Abschnitts wie Antworten auf die Fragen erscheinen. Als letzte Antwort kann das Gedicht *Der große Oktober. Zum zwanzigsten Jahrestag der Oktoberrevolution* gewertet werden. Statt der Reihung von Kriegen fügte Brecht in diese Antwort Symbole der Arbeit aneinander: „ ... Der unendliche Zug der Sieger. / Mit sich führend die Embleme ihrer Fabriken / Abbilder der Traktoren und die Wollbüsche der Textilwerke / Auch die Ährenbündel der Getreidefabriken." (BFA 12, 46) Der Unterschied zwischen den Reihungen in den *Fragen* und den Antworten in *Der große Oktober* ist grundsätzlich, thematisiert Vernichtung und schöpferische Arbeit, letztlich Krieg und Frieden. Deshalb ist die in einer Interpretation, die von einer „tiefe(n) Unsicherheit" und einem „schlechten sozialen Gewissen" Brechts ausgeht, vorgenommene Gleichsetzung, dass „die Übertragung der altbekannten Heldenzüge auf die Arbeitermassen, die Montage von Theben und Moskau ... den Blick auf deren gemeinsames Wesen"[116] lenke, schwer nachzuvollziehen. Für den Marxisten Brecht waren die gesellschaftsformatorischen Unterschiede zwischen dem antiken Theben und dem Moskau der Sowjetunion von prinzipieller Natur.

---

116 Gerd Ueding: Fragen eines lesenden Arbeiters. In: Hinck, S. 71

Brecht nennt bei der Abfolge der *Fragen* ... zuerst Ortsnamen. Er
beginnt im Mythos (Theben, Ödipus und
Kreon). Er erwähnt Babylon, die histo-

> Mythos

rische Stadt am Euphrat, mit der sich die Legende von der babylo-
nischen Sprachverwirrung verbindet. Es folgen dann Lima, unter
den spanischen Eroberern zu einer Metropole ausgebaut und als
„Goldstadt" bezeichnet; ferner die chinesische Mauer und römische Triumphbögen, Byzanz und Atlantis. Dann wechselt Brecht
die Frage und setzt statt Orten Namen ein: Alexander, Cäsar, Philipp von Spanien, Friedrich II. von Preußen. Richtige Antworten
werden nicht gegeben, sondern allenfalls einzelne Ergänzungsfra-
gen gestellt, die auf die Abhängigkeiten der Personen hinweisen.
In den Fragen steckt in jedem Fall die
Kehrseite der offiziellen Geschichtsschreibung: Es geht um Arbeit und um

> Kehrseite der offiziellen
> Geschichtsschreibung

Kapital. Deshalb stehen in den Fragen zahlreiche Berufe (Maurer,
Koch, Bauleute) und als Verallgemeinerung aller Fragen die nach
den „Spesen". Ein Abriss der Weltgeschichte als ein Abriss von Arbeitsprozessen entsteht – ein Thema, das in der traditionellen
bürgerlichen Geschichtsschreibung vernachlässigt wurde.
Die Überschrift ist der Schlüssel zu dem Gedicht: Ein Arbeiter,
der in den Geschichtsbüchern die Rolle des arbeitenden Menschen sucht und sie nicht findet, stellt die Fragen. Er findet eine
heroische Chronik und sucht doch eine Geschichtsschreibung
der Produktionsverhältnisse. Unausgesprochen bleiben drei Fragen, die für das Gedicht wichtig wären: Was liest der Arbeiter
über die großen Revolutionen von 1789 bis 1917? Wie verhalten
sich die Menschen in der Gegenwart, also zu der faschistischen
Herrschaft, die sich eines ausgeprägten Heroenkultes bediente?
Welche Rolle nimmt der Dichter ein? Diese Fragen sind Brecht
noch wichtiger. Er stellte sie in gesonderten Gedichten: „Die
Fragen des lesenden Arbeiters müssen, nach Brecht, gleichzei-

tig auch Fragen des denkenden Schriftstellers sein. Sind sie es nicht, so betrügt er. Und die Nachwelt wird es ihn durch ihr Urteil entgelten lassen."[117] Diese Frage ist Brecht bedeutend genug, dass er sie nicht im Zusammenhang mit dem lesenden Arbeiter, sondern in dem Gedicht *Wie künftige Zeiten unsere Schriftsteller beurteilen werden* (1939, BFA 14, 433 f.) stellt. Das Gedicht ist ähnlich angelegt wie *Fragen eines lesenden Arbeiters*: Die Schriftsteller „werden gefragt werden nach denen, die / Ihnen die Röcke webten". Gepriesen würden: „Die auf dem nackten Boden saßen, zu schreiben / Die unter den Niedrigen saßen / Die bei den Kämpfern saßen."

Brechts Gedicht *Fragen eines lesenden Arbeiters* eröffnet den Abschnitt *Chroniken* in der Sammlung *Svendborger Gedichte*, an dessen Ende das hymnische Poem *Der große Oktober* steht, womit er die andere offene Frage beantwortet. Darin sind die historischen Verhältnisse zwischen den arbeitenden Menschen und den geschichtsbestimmenden Kräften in die richtige Relation gebracht worden und werden nun auch im Gedicht thematisiert. Das Gedicht *Fragen ...* gliedert sich in vier unterschiedliche Strophen, deren Verslänge und -zahl sich graduell verringert: Die erste Strophe fragt nach bedeutenden historischen Bauten, die zweite nach Kriegen, die dritte verallgemeinert beide Komplexe zu einer grundsätzlichen Frage. Die vierte Strophe gibt darauf eine Antwort, die ironischerweise lautet: „So viele Fragen." (V. 27) Zwischen erster und zweiter Strophe besteht eine Verbindung, die darauf hinweist, dass diese Art der Geschichtsschreibung nicht so sehr mit der Realität, als mit den daraus gebildeten Mythen zu tun hat. Diese

die Zahl Sieben

Verbindung stellt die Zahl Sieben her: Vom „siebentorige(n) Theben" (V. 1) zum „Siebenjährigen Krieg" (V. 20). Zahlen spielen auch in der Anordnung des Gedichtes eine Rolle: Fast mathematisch exakt werden

---

117 Mayer, S. 312

die Strophen halbiert. Die Halbierung der letzten zweizeiligen Strophe verweist wiederum auf den Gedichttitel, als einzeilige Strophe, zurück. Aus der ersten Strophe mit 13 Versen werden 8 in der zweiten, 4 in der dritten und 2 in der vierten, an deren Ende das Wort „Fragen" steht. Mit diesem Wort beginnt aber der einzige einversige Teil des Gedichts, die Überschrift. Durch die fortwährende Halbierung der Verse erfolgt eine Konzentration auf den Kern des Gedichts: Es soll selbst Fragen stellen.

In einer Interpretation wird formuliert, dass sich das Gedicht „jeder Auskunft (enthalte). ,Fragen' ist sein erstes und sein letztes Wort. Dazwischen stehen die Vorbehalte und Einwände eines Dichters, der auf seinem Grabstein, wenn überhaupt, für seine Vorschläge geehrt sein wollte."[118]

Das ist nur bedingt richtig. Brecht komponierte seine Sammlungen so, dass die Gedichte miteinander kommunizierten, sich ergänzten und sich widersprachen. Bezieht man diese Relationen aus den *Svendborger Gedichten* ein, gibt es weder Leerstellen noch fehlende Antworten in dem Gedicht.

Brecht blieb in der Rhythmik des Gedichts der Prosa sehr nahe und machte es damit selbst zu einem historischen Lehrbuch. Die Diktion ist einfach und wird durch die Orte und Namen bestimmt. Ausgewählt wurden diese offensichtlich so, dass für einen durchschnittlich gebildeten Leser keine gesonderten Studien notwendig sind. So kann der Leser, ohne den Zusammenhang zu verlieren, den Hintergrund und die sich aufdrängenden Fragen problemlos erkennen. Die ersten beiden Fragen nach Theben und Babylon verlängern die nachprüfbare Geschichte in den Mythos, der ein Abbild geschichtlicher Ereignisse ist, die selbst nur noch punktuell bekannt sind. Mit dem Mythos wird das Grenzland zwischen Kunst und Geschichte betreten, an dieser Grenze sind die Epen Homers

die Diktion ist einfach

---

118 Jürgen Theobaldy: *Die Tradition ist umkämpft.* In: Reich-Ranicki, Der Mond über Soho, S. 121

Ilias und *Odyssee* und die Vorgänge um Antigone, aber auch das Alte Testament zu finden. Die Kunst hat an diesen Stellen die geschichtlichen Ereignisse als mythisches Abbild in die spätere Geschichtsschreibung transportiert.

Das Gedicht trägt Züge des von Brecht oft verwendeten Agit-Prop-Gedichts; dazu gehören die unkompliziert vorgetragenen Befunde, die deutlichen Namensnennungen, der Verzicht auf metaphorische Ausgestaltung. Die Reihung von Fragen zerstört diesen Eindruck; das Agit-Prop-Gedicht weist allenfalls rhetorische Fragen auf, die sofort beantwortet werden. Hier werden die Antworten jedoch erst noch entwickelt. Eine wenig hilfreiche und ins Abseits führende Interpretation des Gedichtes gab John Fuegi: „Vielleicht ist das Gedicht ein Tribut an Steffins ungewürdigte Leistung, die dazu beitrug, dass er selbst ein ‚großer' Mann wurde."[119] Zu der Entstehungszeit des Gedichts war nicht nur Steffin Brechts Geliebte und Mitarbeiterin. Ihr Tod, der vielleicht ein Anlass zu einer solchen Haltung gewesen wäre, war aber erst sechs Jahre später. Auch geht es in keiner einzigen Frage des Gedichts um die Leistung des Einzelnen und den Beitrag der ihm verbundenen Menschen, sondern es geht um Klassenwidersprüche, zu denen es zwischen Brecht und der Steffin keine Differenzen gab.

Volker Braun setzte sich mehrfach mit dem Gedicht auseinander. Seine Sammlung *Wir und nicht sie* (1970) war bereits im Titel als Gegenstück zu Klopstocks Ode *Sie und nicht wir* zu erkennen. Sein Gedicht *Fragen eines Arbeiters während der Revolution*, das später den Titel *Fragen eines regierenden Arbeiters*[120] erhielt, war das Gegenstück zu Brechts Gedicht. Brauns Text dreht den Charakter des Fragens um und übt Kritik an zu wenig Fragen in der politischen Gegenwart des Arbeiters in der DDR: „So viele

---

119 Fuegi, S. 457
120 Volker Braun: *Fragen eines regierenden Arbeiters*. In: Ders.: Texte in zeitlicher Folge. Bd. 2. Halle, Leipzig: Mitteldeutscher Verlag, 1990, S. 96

Berichte. / So wenig Fragen", heißt es in der Eröffnung. Brauns Kritik richtet sich gegen formalisierte Antworten, die zum Verlust der treibenden Kraft des Fragens geführt haben: „Wie viele von uns / Nur weil sie nichts zu melden hatten / Halten noch immer den Mund versteckt / Wie ein Schamteil?" Zum anderen wendet Volker Braun das Verfahren auf den Dichter selbst an und stellt damit den vereinnahmenden Grundzug Brechts aus. In seinem Gedicht *Wer wohnte unter dem dänischen Strohdach?* schreibt Braun:

> Auf der Bronzetafel steht der Name des Dichters.
> Wem außer ihm
> Bot sich der Unterschlupf? War er allein
> Auf der Flucht vor den Faschisten? Seine Frau
> Trug die Koffer und Kinder.
> Und waren da nicht diese lieb-/
> reichen Freundinnen, und
> Hatte er nicht auch eine Köchin dabei
> Mari Hold aus Augsburg?[121]

Dieser Mari Hold, die seit ihrem 13. Lebensjahr im Haushalt von Brechts Eltern gelebt hatte, schrieb Brecht ein *Dankgedicht*, als sie 1934 einen Dänen heiratete und ihren eigenen Hausstand gründete. Es bedurfte einer biografischen Orientierung, um die Methode des Fragens auf die Person des Dichters anzuwenden, wie es Braun tat.

---

121 Volker Braun: *Wer wohnte* ... In: ebd., Bd. 9, S. 41

Der liebe Gott sieht alles.
Man spart für den Fall des Falles.
Die werden nichts, die nichts taugen.
Schmökern ist schlecht für die Augen.
5 Kohlentragen stärkt die Glieder.
Die schöne Kinderzeit, die kommt nicht wieder.
Man lacht nicht über ein Gebrechen.
Du sollst Erwachsenen nicht widersprechen.
Man greift nicht zuerst in die Schüssel bei Tisch.
10 Sonntagsspaziergang macht frisch.
Zum Alter ist man ehrerbötig.
Süßigkeiten sind für den Körper nicht nötig.
Kartoffeln sind gesund.
Ein Kind hält den Mund.

Das Gedicht – auch unter dem Titel *Was ein Kind gesagt bekommt* bekannt[122] – entstand 1937 und war zuerst für die beiden Kinder Brechts mit Helene Weigel gedacht. Das Gedicht enthält eine Reihe trivialer Volksweisheiten, die einen wenig aufwändigen Umgang mit der Wirklichkeit transportieren und bekannte Muster verwenden, die von der höchsten Institution Gott bis zum Redeverbot reichen. Genau in der Gedicht-Mitte steht ein Gebot, es erinnert an die christlichen zehn Gebote („Du sollst ..."). Unpersönliche Sprüche („Man ..."), beliebig ergänzbar, werden um den zentralen Vers gereiht. Die oberste Instanz ist Gott, die letzte Schlussfolgerung ist, den Mund zu halten. Das sind die Rahmenbedingungen einer scheinbar geordneten Lebensführung. Die Sprüche zeugen von keiner sozialen Kommunikation und beziehen sich nicht auf einen anderen Menschen, dem man helfen kann, dem man eine Freude bereiten sollte und anderes. Sie beziehen sich alle auf eine zu disziplinierende kindliche Persönlich-

---

122 Der Titel wurde von den Herausgebern hinzugefügt in: Bertolt Brecht: *Gedichte*. Bd. VIII. Berlin, Weimar: Aufbau-Verlag, 1969, S. 160

keit, die im ersten Spruch in der Attributierung „liebe" erkennbar ist, denn zuerst wird bei Kindern die Fügung „lieber Gott" verwendet. Die Sprüche sind von Brecht nicht dazu gedacht, als Richtlinien angenommen zu werden. Es soll vielmehr Widerspruch beim Kind (Leser) ausgelöst werden. Darauf weist der letzte Vers hin:

Widerspruch beim Kind

Wer den Mund hält, hat nichts zu sagen.

Die Sprüche haben scheinbar nichts miteinander zu tun; nicht eine einzige Verszeile wird gebrochen und in der nächsten fortgesetzt. Kein Gedanke wird in einem nächsten Gedanken aufgenommen. Dennoch bilden alle Sprüche gemeinsam ein Bildungs- und Erziehungssystem für die Reproduktion der bürgerlichen Gesellschaft. In ihm steht Gott an der Spitze, Kinder nehmen die unterste Position ein. Besitzlose, Außenseiter und Hilfsbedürftige – sie sind so, weil sie „nichts taugen" – gibt es in diesem System nicht; sie haben auch nichts darin zu suchen: Nur wer spart, sparen kann und volle Schüsseln auf dem Tisch hat, wird in dem System bedacht. Aber die Sprüche sind auch nicht für herrschaftliche Kinder gedacht, sondern für die, die sich ihren Platz in der bürgerlichen Gesellschaft durch willfähriges Verhalten immer neu bestätigen und immer wieder sichern müssen.

Die Sprüche dienen einer Disziplinierung der Menschen, die das bestehende

Disziplinierung der Menschen

gesellschaftliche System des Jahres 1937 ermöglichen, sichern, festigen und fortwährend bestätigen. Zwischen Gott und den Kindern stehen Erwachsene; sie sind die eigentlichen Machthaber, denn sie sprechen und handeln, was Gott nicht kann: Er sieht nur. Der Spruch dieser Erwachsenen hat Gesetzeskraft und muss unwidersprochen bleiben, mehr noch: Für den Spruch hat man dankbar zu sein und ist „ehrerbötig". Auch zu große Bildung („Schmökern"; V. 4) ist gefährlich, könnte sie doch dazu führen, sich den Sprüchen in den Weg zu stellen. Gemeint sind nicht die Kinder derjenigen, die die Sprüche verkünden; die genießen eine andere Erziehung und Bildung. Es sind die Kinder der sozial entgegengesetzten Schichten, die für das System der Sprücheklopfer passend geformt werden müssen. Die angesprochenen Kinder sollten bereit zur Arbeit sein (Lohn wird gespart), keine Ansprüche stellen („Süßigkeiten"; V. 12) und sich mit der von den Erwachsenen angebotenen Nahrung („Kartoffeln"; V. 13) bescheiden. Auch Freizeit und Ferien spielen keine Rolle, es reicht der „Sonntagsspaziergang" (V. 10), zumal er Ausdruck der Disziplinierungen ist: Das im Sinne der Sprüche erzogene Kind wird der Öffentlichkeit vorgeführt und auf seine Eignung für das System hin betrachtet. Das ganze Ausmaß des Systems wird erst deutlich, wenn man zusammenstellt, was nicht mit Sprüchen versehen wird: Es fehlen alle Verhaltensweisen gegenüber den Mitmenschen in der gesellschaftlichen Ordnung, also auch den Hilflosen und Kranken gegenüber; es gibt keine Hinweise zum Umgang mit anderem Leben (Tiere) und der Natur. Schönheit, Kunst und Bildung spielen keine Rolle, aber auch Freundschaften, Neigungen und Freundlichkeit finden keinen Platz in den Ratschlägen. Da Kunst und Literatur als unerheblich betrachtet werden, also die erforderliche Bildung fehlt, kann der Hörer (Leser) auch kaum den formalen Widerspruch zwischen dem optisch-akustischen Eindruck (Druckordnung, Reim) eines Gedichts und der formalen Ordnung eines Nichtgedichts erkennen. Gleichzeitig demonstriert Brecht hier seine These, wie wenig wichtig für ein Gedicht der Reim ist, er gebe dem „Gedicht leicht etwas In-sich-Geschlossenes, am Ohr Vorübergehendes"[123]. Den entsprechenden Aufsatz *Über reimlose Lyrik mit unregelmäßigen Rhythmen* (1938) schrieb Brecht in der gleichen Zeit, in der *Der liebe Gott sieht alles* entstand.

Brecht war seit Beginn der dreißiger Jahre entschiedener und in-

---

123 Brecht, *Über Lyrik*, S. 108

formiert-gebildeter Marxist. Das führte zu einer entschiedenen Abkehr von bürgerlichen Verhaltens- und Denkweisen. Diese Denkweisen sollten entlarvt werden; Brecht nutzte

> Abkehr von bürgerlichen Verhaltens- und Denkweisen

dabei unterschiedliche Mittel. Im Falle des vorliegenden Gedichts ist es die bloße unkommentierte Nennung von verbreiteten Sprüchen bürgerlicher Familien, die eine bloßstellende, dann eine verfremdende Funktion bekommt. Die Sprüche werden parataktisch (nebengeordnet) gegliedert, für jeden Spruch gibt es eine Zeile.

Sagen, Sprechen und Zeigen waren aber für Brecht wichtige Merkmale menschlicher Verständigung und des Lernens. Brecht stellte 1937 eine private Sammlung, *Kinderlieder für Helli* (BFA 14, 510), zusammen. Immer waren diese Gedichte für den privaten Gebrauch so angelegt, dass sie auch in geplante Sammlungen eingehen konnten.

Der Text weist einen auffallenden Widerspruch von Vers, Reim und Metrik aus: Das Gedicht ist durchgereimt und klingt wie ein Gedicht, die Metrik bildet keine poetische Ordnung. Noch widersprüchlicher erscheint die Verszahl; mit vierzehn Versen weist sie auf das Sonett hin, aber die Verse sind nicht in Strophen gegliedert; auch gibt es in der Folge von Sprüchen keine gliedernde Ordnung. So können sich die floskelhaften Sprüche nicht verdichten und zum Gedicht werden. Damit fordert Brecht eine abwehrende Reaktion heraus, den Widerspruch des Lesers oder Hörers.

Den Text hat man häufig zitiert und gelesen, wobei diese oben genannte Eigenart kaum berücksichtigt wurde. Er ist auch ein beliebter Lesebuch-Text[124]: Dem Abdruck im Lesebuch „Flick-flack" wurde als Dialog zweier Kinder beigefügt: „„Solche Sprüche

---

124 *Brücken*. Mitteldeutsches Lesebuch. Ein Lesebuch für die Grundschule, 4. Schuljahr. Bühl: Konkordia, 1995, S. 132. Die zum Gedicht gehörenden Fragen führen didaktisch in die richtige Richtung: „Wie gefallen Dir diese Ratschläge? Schreibe eine Entgegnung: Was ein Kind antwortet."

krieg ich auch zu hören.' ‚Ich nehme nicht alle ernst.'"[125], womit der Charakter des Gedichtes kindgemäß vermittelt wurde. Der Text diente in Ratgebern und Ratgebersendungen als Fülltext, gemeinsam mit Koch- und Backrezepten. Er bestimmte eine Textsammlung von Monika und Martin Sperr[126] und gab 2006 einer Brecht-Revue im Kölner Theater am Sachsenring den Titel (*Was ein Kind gesagt bekommt*). Der Text war oft Grundlage für pädagogische Überlegungen und wurde dort auch in der Sekundärliteratur behandelt, ohne dass sich für die poetische Leistung daraus Gewinnbringendes ableiten ließe. Ähnlich verhält es sich auf einem anderen Gebiet: Das Gedicht wurde mehrfach sprachwissenschaftlichen Untersuchungen[127] unterzogen, weiterführende Erkenntnisse blieben weitgehend aus. So wurde zum Beispiel festgestellt, der Text zähle „aufreihend Verhaltensvorschriften für Kinder auf, der Appell fordert dagegen konträr zur Auseinandersetzungen mit autoritären Erziehungsgrundsätzen auf" und bereits „die Überschrift setzt das Subjekt ‚ein Kind' ins Passiv"[128]. Es gibt in diesem Gedicht Brechts jedoch keine Appelle, und es sind auch keine „autoritären Erziehungsgrundsätze", die es reiht; ein Subjekt kann auch nicht in den Passiv gesetzt werden usw. Die poetische Eigenart des Textes, der wie ein Gedicht aussieht, aber keines sein soll und will, ist nicht berücksichtigt und betrachtet worden.

Grundlage für pädagogische Überlegungen

---

125 *Flickflack*. Ein Lesebuch für die Grundschule, 4. Schuljahr. Bühl: Konkordia Verlag, 2000, S. 73

126 Monika und Marin Sperr: *Herr Bertolt Brecht sagt*. Bei Brecht gelesen und für Kinder und andere Leute ausgesucht. München: Weismann, 1970

127 Michael Hoffmann: *Semantische Ebenen poetischer Zeichen*. Paraphrasen zu Brechts ‚Was ein Kind gesagt bekommt'. In: Texte über Texte – Interdisziplinäre Zugänge. Hrsg. von Inge Pohl und Jürgen Pohl. Frankfurt a. M. u. a.: Lang, 1998, S. 205–226 (gemeinsam mit Hans-Christian Stillmark)

128 Ilona Feld-Knapp: *Textsorten und Spracherwerb*. Hamburg: Dr. Kovac, 2005 (Lingua, Bd. 2), S. 108–112, hier: 109

An die Nachgeborenen

1
Wirklich, ich lebe in finsteren Zeiten!

Das arglose Wort ist töricht. Eine glatte Stirn
Deutet auf Unempfindlichkeit hin. Der Lachende
Hat die furchtbare Nachricht
5 Nur noch nicht empfangen.

Was sind das für Zeiten, wo
Ein Gespräch über Bäume fast ein Verbrechen ist
Weil es ein Schweigen über so viele Untaten einschließt!
Der dort ruhig über die Straße geht
10 Ist wohl nicht mehr erreichbar für seine Freunde
Die in Not sind?

Es ist wahr: ich verdiene noch meinen Unterhalt
Aber glaubt mir: das ist nur ein Zufall. Nichts
Von dem, was ich tue, berechtigt mich dazu, mich satt zu essen.
15 Zufällig bin ich verschont. (Wenn mein Glück aussetzt
Bin ich verloren.)

Man sagt mir: iß und trink du! Sei froh, daß du hast!
Aber wie kann ich essen und trinken, wenn
Ich es dem Hungernden entreiße, was ich esse, und
20 Mein Glas Wasser einem Verdurstenden fehlt?
Und doch esse und trinke ich.

Ich wäre gerne auch weise
In den alten Büchern steht, was weise ist:
Sich aus dem Streit der Welt halten und die kurze Zeit
25 Ohne Furcht verbringen
Auch ohne Gewalt auskommen
Böses mit Gutem vergelten

Seine Wünsche nicht erfüllen, sondern vergessen
Gilt für weise.
30 Alles das kann ich nicht:
Wirklich, ich lebe in finsteren Zeiten!

2

In die Städte kam ich zu der Zeit der Unordnung
Als da Hunger herrschte.
Unter die Menschen kam ich zu der Zeit des Aufruhrs
35 Und ich empörte mich mit ihnen.
So verging meine Zeit
Die auf Erden mir gegeben war.

Die Straßen führten in den Sumpf meiner Zeit
Die Sprache verriet mich dem Schlächter
40 Ich vermochte nur wenig. Aber die Herrschenden
Saßen ohne mich sicherer, das hoffte ich.
So verging meine Zeit
Die auf Erden mir gegeben war.

Die Kräfte waren gering. Das Ziel
45 Lag in großer Ferne
Es war deutlich sichtbar, wenn auch für mich
Kaum zu erreichen.
So verging meine Zeit
Die auf Erden mir gegeben war.

3

50 Ihr, die ihr auftauchen werdet aus der Flut
In der wir untergegangen sind
Gedenkt
Wenn ihr von unsern Schwächen sprecht
Auch der finsteren Zeit
55 Der ihr entronnen seid.

Gingen wir doch, öfter als die Schuhe die Länder wechselnd
Durch die Kriege der Klassen, verzweifelt
Wenn da nur Unrecht war und keine Empörung.

Dabei wissen wir ja:
60 Auch der Haß gegen die Niedrigkeit
Verzerrt die Züge.
Auch der Zorn über das Unrecht
Macht die Stimme heiser. Ach, wir
Die wir den Boden bereiten wollten für Freundlichkeit
65 Konnten selber nicht freundlich sein.

Ihr aber, wenn es soweit sein wird
Daß der Mensch dem Menschen ein Helfer ist
Gedenkt unsrer
Mit Nachsicht.

Das Gedicht – eigentlich eine Gedichtfolge von drei Gedichten
– ist zwischen 1934 und 1938 im dänischen Exil entstanden; es
wurde 1939 erstmals in „Die neue Weltbühne" (Paris, 15. Juni)
gedruckt und erschien als letztes Gedicht in der Sammlung *Svendborger Gedichte* (1939). Solche Endstellungen programmatischer
Gedichte hatten bei Brecht konzeptionelle Bedeutung. So steht
Vom armen B.B. am Ende der *Hauspostille,* das *Lob der Dialektik*
beschloss *Lieder Gedichte Chöre.* 1921 war ein Gedicht *Den Nachgeborenen* (BFA 13, 189) mit einem ähnlichen Thema entstanden,
eigentlich hätte es, wie Brecht 1950 meinte, *Der Nachgeborne*
heißen müssen; damals waren die Nachgeborenen noch nichts
Wichtiges oder Ernstzunehmendes im sozial-politischen Verständnis des Dichters.

Dieses Gedicht, eines der bekanntesten von Brecht[129], gehört nach der Meinung des marxistischen österreichischen Literaturwissenschaftlers Ernst Fischer „zu den schönsten der Menschheit"[130]. *An die Nachgeborenen* ist seinem Charakter nach ein autobiografisches Gedicht und eines der vielen Gedichte Brechts, in denen er seiner Individualität als Dichter den historischen Maßstab anlegt, der sich entsprechend der Weltsicht und der Zeitverhältnisse änderte: Er reichte vom anfänglichen Bohemien bis zum programmatisch denkenden Marxisten, der auch Erschütterungen, wie die Enthüllungen über die Verbrechen Stalins, zu überwinden verstand und schließlich auch den eigenen Tod annimmt: „Schon seit geraumer Zeit / Hatte ich keine Todesfurcht mehr, da ja nichts / Mir je fehlen kann, vorausgesetzt / Ich selber fehle." (*Als ich in weißem Krankenzimmer der Charité*; BFA 15, 300). Es war ein durchgängiges lyrisches Verfahren, dass er von der frühen Lyrik (*Vom armen B.B.*[131] am Ende der *Hauspostille,* entstanden 1922) bis zu den letzten Gedichten anwandte.

Das Gedicht *An die Nachgeborenen* gehört zu den berühmtesten deutschen Gedichten und hat eine Rezeptionsgeschichte entwickelt, die zu einer eigenständigen Literaturgeschichte führte. Von den drei ursprünglich selbstständigen Gedichten stammt das zweite als das älteste aus dem Jahre 1934. Es gehört zu Brechts vielfachen Versuchen einer persönlichen Rechenschaftslegung. Diese erfolgte vom ausländischen Blickwinkel her. Sie erhält ihren besonderen Charakter durch die Sicht auf Deutschland unter faschistischer Herrschaft. Die Ursache für die Zusammenschau war – neben Brechts 40. Geburtstag, der ihm Lebensmitte zu sug-

---

129 Unter den zahlreichen Interpretationen ist gründlich und weitgehend, ohne dass ihr deshalb in der vorstehenden Interpretation gefolgt würde, die von Birgit Lermen und Matthias Loewen: *Bertolt Brecht: An die Nachgeborenen.* In: Lermen/Loewen: Lyrik aus der DDR. Exemplarische Analysen. Paderborn, München, Wien, Zürich: Ferdinand Schöningh, 1987 (UTB, Bd. 1470), S. 87–121.

130 Fischer, S. 310

131 Zur Selbstdarstellung – der Begriff der „Selbstinszenierung" erscheint zu pejorativ – vgl. Müller/Kindt, S. 118–133

gerieren schien – der schmerzhaft empfundene Unterschied zwischen dem Angestrebten und Gewollten einerseits und dem Erreichten andererseits.

Es ist ein Zeitgedicht, in dem Biogra-   ein Zeitgedicht
fisches und Historisches miteinander
verflochten werden, ohne dass spezifische zeitgenössische Begriffe fallen. Das Gedicht wird von Grundbegriffen bestimmt: „Nachgeborene", „finstere Zeiten" (V. 1), „Zeit, die auf Erden mir gegeben war" (V. 37, V. 43, V. 49) und „Freundlichkeit" (V. 64). In ihnen wurden die zeitgenössischen Begriffe subsumiert. Es werden der geschichtliche Augenblick („finstere Zeiten') und die gescheiterten Ziele (Verlust von „Freundlichkeit") deutlich. Beides bedingte auch darauf abgestimmte Verhaltensweisen. In einem Gedicht *In finstern Zeiten* (1939) forderte Brecht von seinen Freunden, „auf der Hut (zu) sein" und für seine Botschaften eine besondere Gabe des Verständnisses: „Vor die Meinung sie geschrieben / Hat der Zweifel sie gelesen." (BFA 14, 433) Den eigenen Anteil am Erreichten bewertete Brechts lyrisches Subjekt – es trägt deutlich Züge des Dichters – niedrig: „Ich vermochte nur wenig." (V. 40) Es will die Erfahrungen eines Lebens („Zeit der Unordnung"; V. 32) und einer Zeit („finstere Zeiten") an die nächste Generation weitergeben und spricht aus „finsterer Zeit", deren Dauer noch nicht absehbar ist. Noch ist der Zweite Weltkrieg nicht ausgebrochen; die miterlebten Kämpfe sind die „Kriege der Klassen". Brecht sieht ihr Ende, ohne dafür einen genauen Zeitpunkt zu wissen. Immerhin schreibt er über die Zeit des Exils im Präteritum („Gingen wir doch"; V. 56). Die Zeit ist gekommen, „wenn es soweit sein wird / Daß der Mensch dem Menschen ein Helfer ist" (V. 67). Der Vers ist fern der Klassenkampftheorie, die zuvor angesprochen wird, und reflektiert ein mora-   die Freundlichkeit des Menschen
lisches Moment: die Freundlichkeit des
Menschen.

Die drei Teile

Das Gedicht besteht aus drei Teilen, von denen einer fünf (mit dem abgesetzten Eröffnungsvers sechs) und die beiden anderen vier Strophen haben. Die Strophen haben eine unterschiedliche Versanzahl, tendieren jedoch zu sechs Versen. Der zweite Teil, der am ältesten ist und 1934 entstand, hat die geschlossenste Form, die durch den Refrain des 5. und 6. Verses etwas vom Charakter einer verkürzten Stanze bekommen. Stanzen wurden oft, zum Beispiel von Goethe (*Zueignung*), mit Selbstbestimmungen oder episch breit angelegten Übersichten verbunden. Die Verse sind freirhythmisch. Die drei Teile sind deutlich unterschieden. Ein erster Teil, gerahmt von der Zeitbestimmung, beschreibt die Gegenwart der „finsteren Zeiten", die sowohl in Deutschland („Gespräch über Bäume"; V. 7) als auch im Exil („... ich verdiene noch meinen Unterhalt"; V. 12) zu erleben sind. Dieser Teil steht im Präsens. Die „finsteren Zeiten" wurden in einem zweiten Gedicht *In finsteren Zeiten* (1937, BFA 14, 364) genauer beschrieben und die Absicht Brechts daraus abgeleitet: Die „finsteren Zeiten" werden dadurch charakterisiert, dass es keine persönlichen Erinnerungen an sie geben wird, sondern sie nur von Vernichtung geprägt sind. Die Arbeiter werden niedergetreten, Kriege werden vorbereitet, die Mächte verbünden sich gegen die Arbeiter. Aber nicht deshalb wird man die Zeiten finster nennen, „Sondern: warum haben ihre Dichter geschwiegen?" (BFA 14, 364, V. 9) Brecht schwieg nicht, sondern schrieb das Gedicht *An die Nachgeborenen*. Der zweite Teil bezieht Brechts bisheriges Leben ein und beschreibt seinen Weg zum Klassenkampf, den er für langwierig und die menschliche Lebensdauer überschreitend hielt. Gleichzeitig stellt es das einzelne Leben in Beziehung zur Geschichte:

„Zeiten"

Waren es im ersten Teil die „Zeiten", so ist es im zweiten Teil die „Zeit", die dem Subjekt gegeben ist. Dieser Teil steht im Präteritum. Der dritte

Teil beginnt und endet mit einem Ausblick in die Zukunft, der auch sprachlich mit dem Futur verbunden wird („die ihr auftauchen werdet", „wenn es so weit sein wird"; V. 50 und V. 66). In den jeweiligen ersten Versen stehen die für den Teil gültigen Zeitformen des Verbes. Aufschlussreich ist der dritte Teil: Ihn begrenzen Formen des Futurs, zwischen die Präsens- und Präteritalformen gesetzt wurden. Sie weisen auf die beiden anderen Abschnitte zurück, die „Kriege der Klassen" (V. 57 ff.) und der „Haß gegen die Niedrigkeit" (V. 60 ff.). Im dritten Teil wechselt das lyrische Subjekt, das sein Leben in Rechnung gestellt hat, zum Wir, für das es sich eingesetzt hat. Dieses Wir war allerdings durch die Überschrift von Anfang an präsent.

Die Dreiteiligkeit erinnert darüber hinaus an dialektisches Denken, das aus | **dialektisches Denken** |
These und Antithese die Synthese bildet. Nach dem bisher Festgestellten würden in vereinfachter Zusammenführung die Erlebnisse in den „finsteren Zeiten" mit den Erfahrungen aus den zurückliegenden Zeiten zum Entwurf einer hellen Zeit führen, indem sie beide negiert werden. Die Konturen der Zukunft sind nicht ausgebildet, aber angedeutet; die „finstere Zeit" ist vorbei, die Klassenkämpfe mussten stattfinden („verzweifelt / Wenn da nur Unrecht war und keine Empörung"; V. 57 f.) und sind beendet, der Boden „für Freundlichkeit" (V. 64) ist bereitet. Der Mensch wird „dem Menschen ein Helfer" (V. 67); Gemeinsamkeit ist die Maxime. Es fällt auf, dass nichts über die Besitzverhältnisse mitgeteilt wird. Das ist logisch: Das Gedicht wird von den Ideen der Volksfrontpolitik getragen, nicht von Revolutionsvorstellungen.

Den gesellschaftlichen Entwurf, der entwickelt wird, begleitet eine ästhetische Auseinandersetzung, die zum Programm wird. Im ersten Teil wird in den „finsteren Zeiten", hinter denen die Zeit seit 1933 zu erkennen ist, einer überholten beziehungsweise wirkungslosen Dichtung abgesagt, denn „das arglose Wort" (V. 2) ist töricht, weil schon „ein Gespräch über Bäume fast ein Verbrechen" (V. 7) ist. Die Weisheit der „alten Bücher" – die Bibel, die antiken Philosophen, die Chinesen mit dem Buch Taoteking, Horaz – kann nicht aufgenommen und praktiziert werden, weil es ein Zurückweichen vor der Gegenwart der „finsteren Zeiten" wäre. Dass sich unter den „alten Büchern" (V. 23) die Bibel befindet, kann als sicher gelten; einmal weist das Wort „weise" (V. 22) darauf hin, zum anderen hat Brecht immer wieder betont, dass die Bibel für ihn zu den wichtigsten Büchern gehörte. Das Wort „weise" bezieht sich zudem auf ein Gedicht Brechts *Legende von der Entstehung des Buches Taoteking auf dem Weg des Laotse in die Emigration*. Das Gedicht ist 1938 parallel zu *An die Nachgeborenen* entstanden; erste Überlegungen gehen bis 1920 zurück. Es liegt ihm ein historisches Ereignis zu Grunde, gleichzeitig spiegelt sich deutlich Brechts Weg ins Exil wieder.

Brechts Weg ins Exil

Laotse wird „zu einer Wunschprojektion Brechts, und so scheint in der historischen Figur der *Legende* ein utopischer Zug auf"[132]. Brechts Weg ins Exil war am Ende allerdings keine Parallele zu Laotse; Grund waren die deutschen Verhältnisse, die alles, was man aus der Geschichte kannte, übertrafen. Brecht bestätigte es nachdrücklich: „Wirklich, ich lebe in finsteren Zeiten!" Mit diesem Vers wird das Gedicht eröffnet. Wie außergewöhnlich die Zeiten waren und wie wenig vergleichbar mit allen bisherigen Zeiten, macht das doppelte „Wirklich" deutlich. Da hilft es nicht mehr, sich auf alte Weisheit zu beziehen. „Weise" deutet schließlich auf Horaz hin; Brecht habe „,was weise ist', streng nach Horaz und der Stoa formuliert"[133].

---

132 Walter Hinck: *Der Weise und der Wissbegierige.* In: Knopf, Gedichte von Bertolt Brecht, S. 133
133 Mayer, S. 331

Hölderlin und die Bibel

Im zweiten Teil variiert Brecht Hölderlins *Hyperion* und die Bibel. Zweimal verwendet er in der Eröffnung „kam", dadurch wird Aufmerksamkeit eingefordert. Beim zweiten Mal steht es in einer Wortgruppe „Unter die Menschen kam ich ...", die deutschen Lesern vertraut ist: „So kam ich unter die Deutschen", schrieb Hyperion an Bellarmin in Hölderlins Briefroman *Hyperion* (2. Band, 2. Buch). Eine der berühmtesten kritischen Analysen der Deutschen schloss sich an:

> *... ich kann kein Volk mir denken, dass zerrissner wäre, wie die Deutschen. Handwerker siehst du, aber keine Menschen, Denker, aber keine Menschen, Priester, aber keine Menschen, Herrn und Knechte, Jungen und gesetzte Leute, aber keine Menschen – ist das nicht, wie ein Schlachtfeld, wo Hände und Arme und alle Glieder zerstückelt untereinander liegen, indessen das vergossne Lebensblut im Sande zerrinnt?*[134]

Brecht weist auf jenen Hölderlin der pontifikalen Lyrik zurück, der ihm immer gegenwärtig war, nicht aber dem Bild Hölderlins im Faschismus entsprach. Die Nazis hatten Hölderlins vaterländische Gedichte feldpostmäßig gedruckt und gaben sie den Soldaten als Lektüre mit in den Krieg. Das war nicht Brechts Hölderlin, der unter den Deutschen gelitten hatte. Dieser spielte bei Brecht immer eine große Rolle, vom Gedicht *Der Schuh des Empedokles* (1935), das mit Hölderlins Trauerspiel *Der Tod des Empedokles* korrespondierte, bis zur *Antigone des Sophokles* (1947), die Brecht in Hölderlins Übersetzung bearbeitete. In ihr fand er „schwäbische tonfälle und gymnasiale lateinkonstruktionen und (fühlte sich) daheim. auch hegelisches ist da herum. ... was das dramaturgische angeht, eliminiert sich das ‚schicksal' sozusagen von selbst."[135]

Hölderlin

---

134 Hölderlin: *Sämtliche Werke*. Hrsg. von Friedrich Beißner. Leipzig: Insel, 1965, S. 636
135 Brecht, *Arbeitsjournal*, S. 432

Mit der Bearbeitung der *Antigone* wollte Brecht eine Antwort auf

Widerstand gegen
Staatsverbrechen

die Frage geben, ob Widerstand gegen Staatsverbrechen geleistet werden dürfe; nicht von den einzelnen Personen rührte die Gewalt eines Staates her, sondern aus den politischen und gesellschaftlichen Bedingungen. „Dass sich Brecht gerade beim Betreten des deutschen Sprachraums dieser Großleistung deutscher Übersetzerkunst zuwandte, muss als eine Liebeserklärung an die deutsche Sprache gewertet werden."[136] In dem zweiten Teil von *An die Nachgeborenen* verglich sich Brecht mit jenem revolutionsfreundlichen, suchenden Hölderlin, der im Nationalsozialismus verleugnet wurde. Die biografischen Entsprechungen zu Brecht sind deutlich: In die Großstadt kam er nach dem Ersten Weltkrieg, Hunger und Kämpfe um 1920 prägten die Zeit. Von Beginn an kämpfte er mit „geringen" Kräften gegen die „Herrschenden"; eine für Brecht typische Formulierung stellt das aus dem Gegenteil heraus fest: „Aber die Herrschenden / Saßen ohne mich sicherer, das hoffte ich." Es galt noch nicht der Kampf gegen den Faschismus, der sich erst zu entwickeln begann, sondern es

Kommunismus

ging um „das Ziel ... in großer Ferne", den Kommunismus, der für ihn wegen des kurzen menschlichen Lebens „kaum zu erreichen" war. Aber er hatte Vorstellungen davon. „Kommunismus" war das Thema mehrerer Stücke (*Die Mutter*, *Die Maßnahme* u. a.), zahlreicher Gedichte und Songs. Manchmal verband sich beides wie im *Lob des Kommunismus*, einem Gedicht aus dem Stück *Die Mutter*. Entscheidend für Brecht war die Verbindung von Vernunft und Kommunismus; Brecht nannte die geistigen Kräfte und nicht die ökonomischen Voraussetzungen, die sozialen Veränderungen und nicht die revolutionären Vorgänge. In der schlichten Sprache mit ihrem Potential an Deutungen nannte Brecht in seinem Gedicht

---

136 Mittenzwei, Bd. 2, S. 251

Lob des Kommunismus den Kommunismus „das Einfache / Das schwer zu machen ist" (BFA 11, 234). Dazu zählte, dass alle ihn verstehen sollten, dass er für alle gut sein sollte, dass er Schmutz und Dummheit verbanne – wobei Schmutz eine moralische Qualität hat –, dass er das Ende von Verbrechen ist – dazu gehörten auch Kriege und alle Arten von Ausbeutung –, dass er die Lösung der Menschheitsprobleme ist.

Das geschilderte Leben stellte Brecht zudem in einen Ablauf, der oft ähnlich umschrieben, selten so präzise formuliert wurde: „So verging meine Zeit / Die auf Erden mir gegeben war." Die End-lichkeit des menschlichen Lebens im Vergleich zur Dauer von Geschichte war gemeint. Eine der literarischen Vorlagen findet sich in *Der Prediger Salomo* (AT) 3, 1: „Ein jegliches hat seine Zeit, und alles Vornehmen unter dem Himmel hat seine Stunde." Auch bei Hölderlin konnte Brecht diesen Gedanken mehrfach formuliert finden, unter anderem als Bekenntnis der Antigone: „Wenn aber vor der Zeit ich sterbe, sag ich, dass es / Sogar Gewinn ist. Wer, wie ich, viel lebt mit Übeln, / Bekommt doch wohl im Tod ein wenig Vorteil?"[137] Antigones Position war allerdings eine entgegengesetzte: Weil sie in diesem Leben nichts mehr ausrichten konnte, konnte sie die vom Vater verbotene Beerdigung ihres Bruders als letzte abschließende Tat vornehmen. Für Brecht gab es solchen Abschluss nicht, vielmehr handelte er im Sinne ferner Ziele, zu denen er ein Stück des Weges mitgehen konnte: Fortschreiten war Brechts Ziel.

> Endlichkeit des
> menschlichen Lebens

Politische Hintergründe

Im dritten Teil geht Brecht auf die Gegenwart und den Widerstandskampf ein. Die Bedingungen und die Zielstellungen, die im zweiten Teil beschrieben worden waren, haben sich grundsätzlich

---

137 Hölderlin: *Sämtliche Werke*. Hrsg. von Friedrich Beißner. Leipzig: Insel, 1965, S. 1208

verändert. Vom Kommunismus kann nun vorerst keine Rede mehr sein. Hier erfolgt ein Selbstzitat, und eigene Ansichten werden korrigiert. Beides geht auf Brechts Lehrstück *Die Maßnahme* (1930) zurück. In diesem umstrittensten Stück Brechts wollte ein junger Genosse „das Richtige und tat das Falsche"; da er damit die Arbeit der Genossen gefährdete, wurde er getötet. Zu den Thesen dieses Genossen gehörte: „Der Mensch muß dem Menschen helfen."[138] Wenn ein Revolutionär sich von Gefühlen bestimmen lässt, also auch von Freundlichkeit, gefährdet er die Disziplin, verdrängt den Verstand und wird zur Gefahr für die Erfüllung der politischen Aufgabe. Auch von der Weisheit war in der *Maßnahme* die Rede: „Sei weise bei uns! Trenne dich nicht von uns!"[139] Weisheit war in der Gemeinschaft der Revolutionäre, nicht in der Vereinzelung des Weisen sinnvoll. In der *Maßnahme* standen Verhaltensweisen zur Diskussion, die sich

auf dem Weg zum Kommunismus

auf dem Weg zum Kommunismus als förderlich oder hinderlich erwiesen. Davon ist unter den aktuellen Bedingungen des Kampfes gegen den Faschismus keine Rede mehr. Die Aussage des jungen Genossen wird zum alleinigen Fernziel erklärt: „... Wenn es so weit sein wird / Daß der Mensch dem Menschen ein Helfer ist / Gedenkt unsrer / Mit Nachsicht." (V. 66 ff.) Eine zweite Zurücknahme erwies sich als notwendig. In der *Maßnahme* hatte Brecht abschließend erklären lassen: Um die „Welt zu verändern", seien neben anderem notwendig „Zorn und Zähigkeit, Wissen und Empörung/ Schnelles Eingreifen, tiefes Bedenken / Kaltes Dulden, endloses Beharren"[140]. „Hass" schwingt unausgesprochen in dieser summierenden Reihung mit. Im Gedicht *An die Nachgeborenen* wird von ähnlichem Verhalten gesprochen, aber es erscheint nicht mehr wertfrei notwendig, sondern durchaus mit schlimmen Folgen: „Auch der Haß

---

138 Bertolt Brecht: *Die Maßnahme*. In: Ders., Stücke, Bd. IV, S. 259
139 Ebd., S. 298
140 Ebd., S. 307

gegen die Niedrigkeit / verzerrt die Züge. / Auch der Zorn über das Unrecht / Macht die Stimme heiser." (V. 60 ff.)

Die politisch-ökonomischen Utopien, die „weisen" Entwürfe und die Revolution sind unter den Bedingungen des Widerstandskampfes zurückgetreten. Deshalb konnte Brecht für sich und seine Mitkämpfer sagen, dass sie „nicht freundlich sein" (V. 65) konnten, obwohl sie den „Boden bereiten wollten für Freundlichkeit" (V. 64). Auch das vollzieht sich dialektisch: Bibel und Antike hatten Entwürfe entwickelt für ein menschliches Zusammenleben, aber die historische Entwicklung hatte dafür keine Möglichkeit geboten und in eine „finstere Zeit" geführt, in der diese Entwürfe nicht mehr vorhanden sein konnten. Um ihnen wieder eine Chance geben zu können, muss erst der tiefste Abgrund erreicht werden und die Vernichtung mit der Vernichtung der Vernichtung, gespeist aus „Haß" und „Zorn" (V. 60 und V. 62), beantwortet werden. Damit stellten Kämpfer wie Brecht ihre Menschlichkeit zurück, bereiteten dafür aber den Boden für Menschlichkeit. Das ist der innerste Grund für die „Nachsicht" (V. 69), um die Brecht bittet: Nachfolgende Generationen könnten nicht mehr verstehen, warum die Unmenschlichkeit des Nationalsozialismus mit gleichem Verhalten beantwortet werden musste. Der Widerspruch löst sich dadurch auf, dass die eine Vernichtung dem System wesensimmanent, die andere entgegen eigener Vorstellungen als notwendige Waffe verstanden wurde. Sie konnten selber „nicht freundlich sein", damit sie „den Boden bereiten (konnten) für Freundlichkeit".

Die Veränderungen, die sich in Brechts Denken vollzogen, waren der Volksfrontpolitik geschuldet. Deren wichtigste Aufgabe war die Vernichtung

Volksfrontpolitik

der nationalsozialistischen Herrschaft. Formuliert und popularisiert wurde diese Politik 1935 in Paris auf dem I. Internationalen Schriftstellerkongress zur Verteidigung der Kultur, an dem Brecht teilnahm und auf dem er sprach. Auf der Suche nach einer breiten Öffentlichkeit war Brecht zu Zugeständnissen bereit und brachte sie in seine Dichtung ein. Auch sie sollte auf eine wachsende Widerstandsbewegung und nicht nur auf marxistisch gebildete Intellektuelle und Arbeiter wirken. Er setzte statt der bisherigen grundsätzlichen Forderungen nach gesellschaftlichen Veränderungen den Begriff der „Freundlichkeit" ein, der vielfältig und unterschiedlich verstanden werden konnte, aber für viele Menschen unterschiedlicher geistiger Haltung annehmbar war. Dieses Fernziel war eher als Nahziel zu sehen und hieß, den Faschismus zu beseitigen und – möglicherweise – den Krieg zu verhindern. Alles andere wurde nicht akzentuiert. Und so kann der bedeutenden Theoretikerin Hannah Arendt, – sie lehnte es ab, als Philosophin bezeichnet zu werden –, deren Forschungen zum Totalitarismus weltweite Anerkennung finden, in diesem Fall nicht zugestimmt werden, wenn sie behauptet, Brecht habe auch den Faschismus nur mit den Klassikern – Marx, Engels und Lenin – erklären wollen, habe deshalb lügen müssen und herausgekommen seien „die hölzernen Dialoge in *Furcht und Elend des Dritten Reiches*, die gewisse spätere sogenannte Gedichte – weiter nichts als journalistische, in Verszeilen abgeteilte Prosa – vorwegnehmen"[141]. Die Szenenfolge *Furcht und Elend des Dritten Reiches* entstand 1937/1938 parallel zu *An die Nachgeborenen.*

voll unübertroffener Bilder   Das Gedicht ist voll unübertroffener Bilder wie „Öfters als die Schuhe die Länder wechselnd" (V. 56); das Bild beschreibt die auf der Flucht vor den Faschisten befindlichen Exilanten. Es besitzt „nicht nur aufgrund des vieldiskutierten Gesprächs über Bäume einen geradezu legendären Ruhm ..., dessen Glanz vielleicht aber gerade dadurch, dass der Text eine Schatztruhe für geflügelte Worte dar-

---

141 Hannah Arendt: *Walter Benjamin. Bertolt Brecht*. Zwei Essays. München: Piper Verlag, 1971, S. 100

stellt, ... verblasst ist"[142]. Von dem Gedicht führen zahlreiche Verbindungen zu anderen Texten. Einer der Hauptgedanken ist, dass in Zeiten der Emigration nicht nur das Gespräch über Bäume ein Verbrechen ist, sondern – damit wird der Gedanke weitergeführt – die den „Boden bereiten wollten für Freundlichkeit / Konnten selber nicht freundlich sein". Ansätze von Freundlichkeit beließ Brecht lediglich bei den Kindern: Im *Kinderkreuzzug 1939* wollen die den Frieden suchenden Kinder freundlich zueinander sein; sie versuchen in ihrer Gruppe das zu verwirklichen, was für sie ein Gemeinwesen ausmacht. Aber sie kommen nicht über Ansätze hinaus: „Und ein Schüler an einer zerschossenen Tankwand / Lernte schreiben bis zu FRIE...". Das erinnert an Heinrich Bölls Erzählung *Wanderer kommst du nach Spa ...* (1950). Die Freundlichkeit „muss untergehen, da sie nur im kleinen sich erproben kann, da die Kinder den Weg nicht wissen können und wie das Ziel zu erreichen ist"[143].

Seiner dialektischen Weltsicht entsprechend sieht sich Brecht als ein Vorläufiger, der „in finsteren Zeiten" lebt. Diese Beschreibung bezieht sich auch auf eine Zeit, in der die Menschheit insgesamt noch nicht ins helle Zeitalter der Vernunft eingetreten ist. Die Zeit der größten Finsternis hat jedoch bewirkt, dass „der Haß gegen die Niedrigkeit / Verzerrt die Züge" (V. 60 f.), die Menschlichen bekamen im Kampf mit der Unmenschlichkeit selbst unmenschliche Züge.

Brecht als ein Vorläufiger

Während des Zusammentreffens mit Brecht hörte Max Frisch in Zürich 1947 das Gedicht und nahm es auszugsweise in sein *Tagebuch* auf. Er beschrieb Brechts Verhalten beim Lesen und ließ so das Gestische erkennen:

---

142 Knopf, *Gedichte von Bertolt Brecht*, S. 7
143 Silvia Schlenstedt: *Kinderkreuzzug 1939*. In: Weimarer Beiträge, Brecht-Sonderheft/1968, S. 24

> *... seine Stimme ist leise, ohne Veränderung seines mundartlichen Klanges, fast lispelnd, aber deutlich und genau vor allem im Rhythmus, scheinbar ohne Betonung, sachlich, Worte zeigend, wie man Kieselsteine zeigt, Gewebe oder andere Dinge, die für sich selbst sprechen müssen.*[144]

Die moderne Lyrik leide, nach Frisch, unter einer Metaphorik, die zwar großartig klinge, aber nicht der Welt entspreche, die die Menschen umgebe. Brecht verzichtete in seinen Gedichten gerade auf diese Metaphorik und ersetzte sie durch aktuelles und teils banal wirkendes Wortmaterial.

Die Rezeption

Die Rezeptionsgeschichte des Gedichts wurde in anderem Zusammenhang berührt (siehe S. 49 ff. der vorliegenden Erläuterung) und kann wegen ihres Umfangs hier nur angedeutet werden. Berühmt wurde Paul Celans (1920–1970) Widmungsgedicht an Brecht *Ein Blatt*: „EIN BLATT, baumlos, / für Bertolt Brecht: // Was sind das für Zeiten, / wo ein Gespräch / beinah ein Verbrechen ist, / weil es soviel Gesagtes / mit einschließt?"[145] Celans jüdische Familie war von den Nationalsozialisten ins KZ verschleppt und ermordet worden; ihm selbst gelang die Flucht zur Roten Armee. Deshalb steht hinter seinen Gedichten immer die Erfahrung des gewaltsamen Todes. In der Rezeptionsgeschichte erscheinen immer wieder Versuche wie dieser, die trotz der Erfahrungen des Faschismus feststellen müssen, dass sich die Abwehrkräfte der Menschheit nicht so entwickelt haben, wie es zu erwarten gewesen wäre. Inzwischen ist „soviel Gesagtes" entstanden, dass Bedrohung eigentlich offen angesprochen werden müsste. Das

---

144 Max Frisch: *Tagebuch 1946–1949*. Berlin: Volk und Welt, 1987, S. 201
145 Paul Celan: *EIN BLATT*. In: Ders.: Die Silbe Schmerz. Ausgewählte Gedichte. Berlin, Weimar: Aufbau-Verlag, 1980, S. 162; auch in Paul Celan: Poesiealbum Nr. 137. Berlin: Verlag Neues Leben, 1979, S. 32 und zuerst in: Paul Celan: Schneepart. Frankfurt a. M.: Suhrkamp, 1971, S. 59

geschieht aber nicht. Die Bemühungen um Sprache sollten nach Celan intensiviert werden. Das bisher Gesagte war entwertet worden und verlor seine Bedeutung; ein zusätzliches Problembewusstsein über den Umgang mit der Sprache war die Folge, bei Celan hat dies bis zur höchsten Konsequenz von Verkürzung, wie in diesem Gedicht, und schließlich zum Verstummen geführt. Es ist das Bekenntnis des Dichters zu einer Dichtungstradition, in der Sensibilität für Bedrohungen thematisiert wird, ein für Celan bestimmendes Thema. Dies thematisierten auch Hans Magnus Enzensberger (*weiterung*) und Günter Eich (*Vorsicht*) in ihren Dichtungen. Erich Fried hat eine Interpretation[146] und mehrere Gedichte zu Brechts *An die Nachgeborenen*: *Gespräch über Bäume*, *Noch vor der Zeit* geschrieben.

Volker Braun beschäftigte sich am umfangreichsten mit dem Gedicht. Er schrieb im Stile Brechts und unter Benutzung des Brecht-Gedichts *Vom armen B.B.* (1922), das auf Villon zurückgeht, ferner eine Paraphrase *Vom reichen B.B.*, in der Brechts dialektische Methode auf das Erbe des Dichters angewendet wurde. Dabei bekam auch das Gedicht *An die Nachgeborenen* seine Zuordnung: „Herr Brecht schätzte seine Kinder. / Er benahm sich zu ihnen vernünftig. / Er wusste: die nach uns kommen / Gehen uns voran künftig."[147] Braun spürte früh den Verlust Brecht'scher Dichtungen in der Öffentlichkeit. In seiner Sammlung *Training des aufrechten Gangs* schrieb er im Sonett *Zu Brecht, Die Wahrheit einigt*: „So was ist noch auf dem Papier zu haben. / Wir haben ihn nicht angenommen, nur / Gewisse Termini und die Frisur."[148] Später wies Braun im Gedicht *In dänischen Vorstädten* darauf hin, wie beliebig Themen und Fragen Brechts heute zu werden drohen.

---

146 Erich Fried: *An die Nachgeborenen*. In: Hinck, S. 94 ff.
147 Volker Braun: *Vom reichen B.B.*. In: Ders.: Texte in zeitlicher Folge. Bd. 6. Halle, Leipzig: Mitteldeutscher Verlag, 1992, S. 80
148 Volker Braun: *Zu Brecht, Die Wahrheit einigt*. In: Ders.: Texte in zeitlicher Folge. Bd. 5. Halle, Leipzig: Mitteldeutscher Verlag, 1991, S. 73; zuerst in Volker Braun: Training des aufrechten Gangs. Halle: Mitteldeutscher Verlag, 1979, S. 23

Brauns lyrisches Subjekt sah in einer gegenwärtigen dänischen Stadt in den vorbildlichen Straßen „Bäume gepflanzt / Und Rondelle aus Wackersteinen", „Gegen die unmenschliche Hast / Der Widerstand / Auf offener Straße."[149] Nur noch „Bäume" weist auf Brechts Gedicht zurück, Widerstand richtet sich gegen ein sinnloses menschliches Verhalten. Von politischen Themen, von bedrohtem Menschsein durch brutale Politik ist nichts mehr vorhanden. Nur aus dem Bezug zu Brecht ergibt sich, dass es durchaus politische Themen gäbe. Im Juli 1990 kehrte er den Vorgang des Gedichts um und eröffnete *Das Eigentum* mit dem Vers: „Da bin ich noch: mein Land geht in den Westen."[150]

Brecht bemühte sich 1950 um einen österreichischen Pass, da er aus Gründen der Neutralität weder Bürger Westdeutschlands noch Ostdeutschlands werden wollte. Zudem war seine (inzwischen ebenfalls staatenlose) Ehefrau gebürtige Österreicherin. Dabei half ihm der Komponist Gottfried von Einem, mit dem Brecht 1948 bekannt geworden war. 1950 wurde Brecht österreichischer Staatsbürger; die österreichische Presse reagierte heftig und fand in von Einem dafür einen Schuldigen. Gottfried von Einem schrieb nach Brechts *An die Nachgeborenen* eine hymnische Kantate *An die Nachgeborenen* (op. 42); das Werk wurde am 24. Oktober 1975 in New York anlässlich des 30. Jahrestages der Gründung der UNO uraufgeführt (Orchester: Wiener Symphoniker; Dirigent: Carlo Maria Giulini). Die Kantate, die der Komponist Lotti und Friedrich Dürrenmatt widmete, hat sieben Sätze; im vierten wurde Brechts Gedicht verwendet. In der Kantate setzte von Einem neben Brechts *An die Nachgeborenen* ausschließlich Texte ein, die mit Brechts Gedicht korrespondieren: zwei Psalmen und vier Texte Hölderlins, darunter das Chorlied aus *Antigone*.

---

149 Volker Braun: *In dänischen Vorstädten* … In: Ders.: Texte in zeitlicher Folge. Bd. 9. Halle, Leipzig: Mitteldeutscher Verlag, 1992, S. 41

150 Volker Braun: *Das Eigentum.* In: Ders.: Texte in zeitlicher Folge. Bd. 10. Halle, Leipzig: Mitteldeutscher Verlag, 1993, S. 52

Über das bürgerliche Trauerspiel *Der Hofmeister* von Lenz

Hier habt ihr Figaro diesseits des Rheins!
Der Adel geht beim Pöbel in die Lehre
Der drüben Macht gewinnt und hüben Ehre:
So wird's ein Lustspiel drüben und hier keins.

5   Der Arme will, statt in die Literatur
Der reichen Schülrin in die Bluse schaun.
Doch statt den Gordischen Knoten zu durchhaun
Haut er, Lakai, nur über seine Schnur.

Nun er gewahrt, daß sich mit seinem Glied
10 Zugleich sein Brotkorb in die Höhe zieht.
So heißt es denn zu wählen und er wählt.

Sein Magen knurrt, doch klärt auch sein Verstand sich.
Er flennt und murrt und lästert und entmannt sich.
Des Dichters Stimme bricht, wenn er's erzählt.

Das Sonett entstand 1940 und gehörte zu der Sammlung *Studien*, die allerdings erst 1951 in *Versuche*, Heft 11, gedruckt wurde. Brecht hatte die *Studien* ohne dieses Gedicht 1938 Walter Benjamin zur Beurteilung gegeben. Benjamin sah sie der *Hauspostille* verwandt, in der Vorbehalte gegen überkommene Gebote und Moral vorgetragen würden: „Die Studien verfahren mit einer Reihe von literarischen Dokumenten und Dichtungen ebenso. Sie bringen Vorbehalte zum Ausdruck, die ihnen gegenüber am Platze sind. Indem sie aber gleichzeitig deren Inhalt in die Form des Sonetts überführen, machen sie die Probe auf sie. Dass sie es vertragen, auf diese Weise resümiert zu werden, das erweist ihre Haltbarkeit."[151]

---

151 Benjamin, S. 331

Lenz' bekanntestes Stück ist ***Der Hofmeister oder Vorteile der Privaterziehung*** (1774), als Trauerspiel und als Komödie bezeichnet. Tatsächlich ist das Stück die erste bedeutende Tragikomödie der deutschen Literatur. Es ereignen sich, fast auf der Bühne, die Entjungferung eines adligen Mädchens, deren Folge ein uneheliches Kind ist, und die Entmannung des Erzeugers. Beides erregte seinerzeit großes Aufsehen. Lenz übertrug seine mit Shakespeares Stücken gesammelten Erfahrungen auf ein deutsches Gegenwartsstück, mit dem er soziale Reformen einleiten wollte. Sein Stück sollte praktizierte Politik und Programm zum Handeln sein.

Es wurde später hin und wieder gespielt und bearbeitet (F. L. Schröder, Klabund, Hans-Ulrich Treichel). Seine größte Wirkung erreichte es durch Bertolt Brecht, der dieses Stück 1949 für das Berliner Ensemble bearbeitete und dort 1950 inszenierte. Für ihn war die Komödie nicht heiter, sondern sarkastisch und in Inhalt und Form eines der modernsten Dramen der deutschen Literatur.

Als Brecht 1949/50 das Stück *Der Hofmeister* von J. M. R. Lenz bearbeitete[152], fügte er das Sonett in die Notate zum *Hofmeister* ein.[153] Es scheint in der Druckanordnung unmittelbar zu den Überlegungen der Bearbeitungen zu gehören. Doch das ist nicht so. Zugehörig zu dem Sonett über Lenz' *Hofmeister* ist ein zweites mit dem Titel *Über Kants Definition der Ehe in der ,Metaphysik der Sitten'* (BFA 11, 270):

---

152 Vgl. dazu Rüdiger Bernhardt: *Vom Aufstand der Sinne*. Bertolt Brechts Bearbeitung des *Hofmeisters* von Jakob Michael Reinhold Lenz aus dem Jahre 1950. In: I'm still here. Ich bin noch da. Das Brecht-Jahrbuch 22. Hrsg. von Maarten van Dijk. Die Internationale Brecht-Gesellschaft: University of Wisconsin Press, 1997, S. 305–337

153 Vgl. Rüdiger Bernhardt: *J. M. R. Lenz. Der Hofmeister*. Hollfeld: C. Bange Verlag, 2006 (Königs Erläuterungen und Materialien, Bd. 441), S. 93–102

Den Pakt zu wechselseitigem Gebrauch
Von den Vermögen und Geschlechtsorganen
Den der die Ehe nennt, nun einzumahnen
Erscheint mir dringend und berechtigt auch.

Ich höre, einige Partner sind da säumig.
Sie haben – und ich halt's nicht für gelogen –
Geschlechtsorgane kürzlich hinterzogen:
Das Netz hat Maschen und sie sind geräumig.

Da bleibt nur: die Gerichte anzugehn
Und die Organe in Beschlag zu nehmen.
Vielleicht wird sich der Partner dann bequemen

Sich den Kontrakt genauer anzusehn.
Wenn er sich nicht bequemt – ich fürcht' es sehr –
Muß eben der Gerichtsvollzieher her.

Kants *Metaphysik der Sitten* erschien 1785; ein für Brechts Bearbeitung insofern wichtiges Jahr, als es nach der Entstehung des Lenz'schen *Hofmeisters* liegt. Brecht hat seine Freude an dem Spiel, den Ehekontrakt auch als eine gegenseitige Anweisung zum Gebrauch der Geschlechtsorgane zu sehen und daraus Pflichten und Forderungen abzuleiten. Er überlagert Kant mit Hegels Dialektik, indem er die erotische Beziehung der Geschlechter auf die Widersprüchlichkeit des sozialen Zusammenlebens auflegt und dadurch begründet. Das Thema hatte Brecht bereits 1933 in Svendborg in einem Sonett für Margarete Steffin bedacht und im *Siebente(n) Sonett* beschrieben: „Ich denke so: nach dem Gesetz der Märkte / Das vorschreibt, den Geschlechtsteil auszunützen / Bestünd hier ein Verdacht, den solch ein Rat verstärkte ..." (BFA 11, 188) Kant-Passagen in das Stück aufzunehmen und damit eine philosophische Diskussion zur Überwindung Kants durch Hegel einzuleiten, wurde während der Proben beschlossen. Die

2.3 Interpretationen: Über das bürgerliche Trauerspiel

das Thema Sexualität

Beispiele belegen, wie intensiv Brecht das Thema Sexualität in einen philosophischen und sozialen Rahmen einspannte und als ökonomisches Faktum verstanden wissen wollte, nicht als Darstellung von Trieben. Das Sonett über Lenz' *Hofmeister* war keine Poetisierung einer literarischen Vorlage, sondern Beitrag zu einer Debatte. Darauf weist der Titel *Studien* hin, der seit dem Naturalismus auch literarische Texte meinte und die wissenschaftliche Auseinandersetzung mit dem ästhetischen Beispiel verband.[154]

In dieser Debatte ging es um Georg Lukács' Aufsatz *Größe und*

Expressionismusdebatte

Verfall des Expressionismus (1934), der die so genannte Expressionismusdebatte

auslöste. Ohne die Debatte, an der sich Brecht auch weigerte teilzunehmen, hier darstellen zu können, sei auf Lukács' Grundthese hingewiesen. Sie ging von großen Mustern aus, die er von den Realisten des 19. Jahrhunderts – von Goethe über Balzac und Tolstoi bis zu Thomas Mann – bezog und aus denen er ein Formideal ableitete. Daher polemisierte Lukács gegen künstlerische Experimente und damit gegen Brecht, der mit einer neuen Kunst auch neue Erziehungsmodelle vermitteln wollte. Während Lukács die traditionelle realistische Kunst vor dem Missbrauch des kapitalistischen Kunstmarktes schützen wollte, versuchten Brecht und seine Mitstreiter sich an neuen Verwendungen traditioneller Genres. Diesen Gegensatz konstatierte Lukács schließlich in der Gegenüberstellung von Realisten und Dekadenz, zu der er auch Brecht rechnete.

Brecht reflektierte die Debatte in Notaten und im *Arbeitsjournal,* ausführlich am 18.1.1938: Dort schrieb er, Lukács liefere die Leser an die „berühmten bürgerlichen romanciers aus, welche diese formalen kennzeichen aufweisen" und stelle den Realisten „eine décadence gegenüber, zu der Dos Passos und vermutlich auch ich

---

154 Gerhart Hauptmann nannte *Bahnwärter Thiel* (1889) eine „novellistische Studie aus dem märkischen Kiefernwald" und verwendete damit eine zeittypische Bezeichnung.

gehören"[155]. Er sah die literarische Produktion durch die Debatte bedroht. Im Februar 1939 kam er auf das Thema zurück und erklärte Lukács, der Marxist sein wollte, zum „murxisten"[156]. Mit den Sonetten, die an klassische Werke wie Goethes Gedicht *Der Gott und die Bajadere*, Schillers *Die Bürgschaft* und anderes anschlossen, wollte Brecht „den Genuß an den klassischen Werken nicht vereiteln, sondern reiner machen" (BFA 11, 393). Das bedeutete, dass die literarischen Vorlagen sozial genauer und einleuchtender interpretiert werden sollten. Im Falle des *Hofmeister* betraf das den Vorgang der Selbstkastration, den Brecht als Lösung des Konflikts

Vorgang der Selbstkastration

zwischen Nahrungssicherung („Brotkorb"; V. 10) und Lustbefriedigung („Glied"; V. 9) verstand. Ohne Sättigung gab es keine Lust. In Frankreich entwickelte sich aus solchem Konflikt eine revolutionäre Situation („Figaro"), Brecht spielte auf Pierre Augustin Caron de Beaumarchais' *Le mariage de Figaro* (Die Hochzeit des Figaro oder Der tolle Tag, 1784) im Vorfeld der Französischen Revolution von 1789 an. In Deutschland lege man dagegen mit Dichtung Ehre ein, bereite aber keine Revolution vor. Lenz' Hofmeister war der sich anpassende und versagende deutsche Intellektuelle, während für Brecht die französischen Aufklärer von Voltaire bis Diderot, Beaumarchais eingeschlossen, in einem vorrevolutionären Prozess geistige Orientierung boten. So entstehe in Frankreich aus dem Stoff ein Lustspiel, weil die Revolution siege, in Deutschland ein bürgerliches Trauerspiel, weil das Bürgertum versage. An den klassischen Beispielen demonstrierte Brecht, dass es in der Literatur von der Aufklärung bis zur Klassik zwar ein sittliches Programm, aber keine soziale Zielstellung gegeben hatte. Sie holte er nun mit seiner Lyrik und den Ansprüchen an das 20. Jahrhundert nach.

---

155 Brecht, *Arbeitsjournal*, S. 16 f.
156 Brecht, *Arbeitsjournal*, S. 25

Über die Einschübe zu Kant kam es zum Disput zwischen Brecht und Eisler. Eisler hielt die Definition Kants über die Ehe für einen Fortschritt, weil „aus einem von der Kirche geheiligten Verhältnis ein Rechtsverhältnis wird, das so trocken und nüchtern beschrieben wird"[157]. Brecht dagegen fand die Bestimmung amüsant und sah die Möglichkeit, einen Gelehrtenstreit zwischen dem Philosophen Christian Wolff und Kant (den es historisch nicht gab und wegen der unterschiedlichen Lebensdaten nicht geben konnte) auf der Ebene der Schüler zu führen.

Ehe, Sinnlichkeit und Triebe

Thema sollten Ehe, Sinnlichkeit und Triebe sein. Dieser Gedanke prägt den Monolog einer der handelnden Personen der Bearbeitung des *Hofmeister*, in der ersten Szene des 5. Aktes, der insgesamt 15. Szene des Stückes. Pätus, Fritz' Studienfreund in Halle, zitiert Kants Bestimmung der Ehe. Zufall und gleichzeitig ein Indiz für Brechts Kant-Beschäftigung ist, dass eines der frühesten Liebesgedichte *Goldene Früchte hängen* von Brecht in ein Exemplar von Kants *Kritik der reinen Vernunft* geschrieben wurde.[158]

Die beiden Sonette, die später die *Hofmeister*-Bearbeitung flankierten, weisen ein spezielles Interesse Brechts an den geschlechtlichen Beziehungen aus. Ihn reizten Sinnlichkeit, Sexualität und Trieb als grundsätzlich menschliches Problem und als Problem unter den Bedingungen des Domestiken, des Unterdrückten. Wie sehr Sinnlichkeit und Sexualität für Brecht lebensnotwendig waren und dadurch auch Bestandteil des Weltbildes wurden, hat sich in den zahlreichen Gedichten über die Liebe poetisch niedergeschlagen und kann dort als Widerspiegelung von Erlebnis und Wirklichkeit nacherlebt werden.[159] Die individuelle Liebe war die Voraussetzung und wiederum das Ziel des Anspruchs, „auch in

---

157 Hanns Eisler: *Gespräche mit Hans Bunge*. Leipzig: Deutscher Verlag für Musik, 1975, S. 133 f.
158 Brecht, *Gedichte über die Liebe*, S. 223; Anmerkung zu S. 8
159 Vgl. Brecht, *Gedichte über die Liebe*. Im Nachwort schreibt Werner Hecht, dass sich die Themen „Liebe zu einem Menschen" und „Liebe zu den Menschen" für Brecht bedingten; S. 233

der ,großen Welt' unter menschlichen Bedingungen Freundlichkeit und Frieden, Bewegung und Produktivität, Schönheit und Würde in das Zusammenleben der Menschen zu bringen"[160].

Das Sonett Brechts vergleicht Läuffer, die Hauptgestalt in Lenz' *Hofmeister*, mit Figaro. Es sind in beiden Fällen Bedienstete adliger Familien. Bereits in dem Hinweis „Hier habt ihr Figaro diesseits des Rheins!" werden Unterschied und Abstand deutlich. Beaumarchais' Figaro in *Figaros Hochzeit* (dt. 1785) triumphiert über den Grafen Almaviva, gibt ihn der Lächerlichkeit preis und zwingt zu Einsichten, die die Revolution von 1789 und die Entmachtung des Adels erahnen lassen. Der Figaro diesseits des Rheins ist zu fast allen Entsagungen bereit, verdingt sich unter Bedingungen dem Adel, die entwürdigend sind, und verstümmelt sich schließlich selbst. Liebe wird hier auf Sexualität und Triebhaftigkeit reduziert. Läuffer ist das Gegenteil des Figaro jenseits des Rheins; er ist das Zerrbild eines aufbrechenden Bürgertums und die Inkarnation des deutschen Versagens in der Geschichte. Deshalb wird auch nirgends die Entmachtung des Adels erkennbar, sondern die mehrfach angesprochene deutsche Misere besteht darin, dass das deutsche Bürgertum sich kastrierte, ehe es zur zeugenden Kraft in der Geschichte wurde.

Figaro diesseits des Rheins

Die Form des Sonetts hatte Brecht bereits 1933/34 aufgegriffen. Es war das italienische Sonett, bestehend aus zwei vierversigen und zwei dreiversigen Strophen. Brechts besonderen Umgang mit dieser Gedichtform zeigt zum Beispiel die ungewöhnliche direkte Rede an das Publikum („Hier habt ihr ..."; V. 1). Auch in der Wortwahl drängt Brecht auf leichte Verständlichkeit: Sein Hofmeister wird zum „Lakai" (V. 8), nicht zum selbstbewussten Figaro. Sein Stand („der Arme"; V. 5) verbietet die Neigung zur „reichen Schülrin"

die Form des Sonetts

---

160 Ebd.

(V. 6), die zudem nicht ernsthaft, sondern triebhaft ist („in die Bluse schaun"; V. 6). Deshalb ist er nicht zur befreienden Tat („den Gordischen Knoten zu durchhaun"; V. 7, das heißt einen scheinbar unlösbaren Knoten auf der Burg Gordion mit dem Schwert zu zerschlagen, wie es Alexander der Große tat), sondern nur zur Selbstverstümmlung („entmannt sich"; V. 13) in der Lage. Statt der Tat nutzte der Hofmeister die Wahl („wählen", „wählt"; V. 11), die in Wirklichkeit keine war, denn mit einem knurrenden Magen gab es nichts zu wählen. Nachdem er auf das Kämpfen schon zuvor verzichtet hat, bleibt die summierende Reihung, die zum Verlust der Männlichkeit führt: „Er flennt und murrt und lä-

Persiflage auf demokratisches Handeln

stert und entmannt sich." (V. 13) Das ist auch eine Persiflage auf demokratisches Handeln, das soziale Verhältnisse prinzi-

piell nicht verändern kann. Das Sonett schließt mit zwei klassisch anmutenden Versen. Vers 13 ist formal ein Polysyndeton (griech.: das Vielverbundene), eine Reihung mit Konjunktion, wie sie in der Klassik zu finden ist (zum Beispiel in Friedrich Schillers Ballade *Der Taucher*). Dadurch wird eine erhöhte Emotionalität und eine größere Dynamik erreicht; beides steht im Widerspruch zum Inhalt. Vers 14 weist eine Häufing von Alliteration („Des Dichters") und Assonanz („Dichters Stimme bricht") auf, nähert sich vollkommener Form. Inhaltlich aber wird Dichtung beendet: „Des Dichters Stimme bricht." (V. 14) Sarkastisch wird dieser Dichter verabschiedet, der nicht mehr dichten, sondern nur noch erzählen kann.

Die Pappel vom Karlsplatz

Eine Pappel steht am Karlsplatz
Mitten in der Trümmerstadt Berlin
Und wenn Leute gehen über Karlsplatz
Sehen sie ihr freundlich Grün.

5 In dem Winter sechsundvierzig
Frorn die Menschen, und das Holz war rar.
Und es fielen da viele Bäume
Und es wurd ihr letztes Jahr.

Doch die Pappel dort am Karlsplatz
10 Zeigt uns heute noch ihr grünes Blatt:
Seid bedankt, Anwohner vom Karlsplatz
Daß man sie noch immer hat!

Das Gedicht gehört zu den *Neuen Kinderliedern* und wurde 1950 erstmals in *Sinn und Form* veröffentlicht. Hanns Eisler vertonte das Gedicht, der Schriftsteller Günter Görlich erklärte es zu seinem „liebsten Brecht-Gedicht"[161]. Es war während seiner gesamten lyrischen Produktion seit den dreißiger Jahren Brechts Anliegen, die Kinder durch Gedichte zu gewinnen. Er sah in ihnen die unverbrauchte Generation, der die Zukunft anzuvertrauen ist. Das bedeutete für Brecht, Gedichte in höchster Einfachheit zu schreiben, ohne einfältig zu werden, höchste Vollkommenheit anzustreben, ohne manieriert zu wirken.
Nach Kriegsende 1945 wurden in Großstädten Parkanlagen und Auenlandschaften in Gemüsegärten verwandelt; sogar der Berliner Tiergarten war davon betroffen. Die Presse warnte, man dürfe keine Bäume voreilig opfern. Die Pappel vom Karlsplatz wurde legendäres Beispiel, wie ein Baum bewahrt wurde. Zum

---

161 Günter Görlich: *Mein liebstes Brecht-Gedicht*. In: Neues Deutschland, 22. Juni 1998

100. Geburtstag des Dichters wurden indessen alle Pappeln vom Karlsplatz gefällt und der Platz „in eine blühende Landschaft der Grundstücksspekulation" verwandelt.[162]

der Baum, der nicht gefällt wurde

Der Baum, der nicht gefällt wurde, war für Brecht ein Zeichen eines menschlicheren Denkens. Das war allerdings mehr Hoffnung, als Erfahrung. Hier hatte er Enttäuschungen erfahren. Dass die deutsche Bevölkerung fast uninteressiert, wenn nicht sogar gleichgültig den Nürnberger Prozessen begegnete, erschütterte ihn. Im Zusammenhang mit der Arbeit an *Turandot* beschrieb er in einem Entwurf eines nicht veröffentlichten Vorwortes die Zusammenhänge zwischen den zahlreichen ökonomischen und sozialen Veränderungen, aber dem Ausbleiben einer „ebenso große(n) veränderung der denkweise". Er ging sogar noch einen Schritt weiter: Brecht erklärte dieses Ausbleiben von Veränderungen des Denkens mit dem noch arbeitenden alten „naziapparat"[163], weil es zu schwierig gewesen sei, in der kurzen Zeit einen neuen Apparat aufzubauen. Insofern war ihm jedes Zeichen einer neuen Verhaltensweise, die auch ein neues Denkvermögen signalisierte, recht, auch wenn er sie konstruieren musste. Dass er sein Publikum auch bei den Kindern suchte, war verständlich, waren sie doch von der Geschichte noch unbelastet. Mit ihnen ließen sich wieder Gespräche über Bäume vorurteilsfrei führen (siehe S. 49 ff. der vorliegenden Erläuterung). Nicht

Möglichkeit des freien, unbefangenen Gesprächs

nur der gerettete Baum ist Zeugnis menschlichen Verhaltens, sondern auch die Möglichkeit des freien, unbefangenen Gesprächs.

Brecht gliederte das Gedicht in drei Strophen, eine bei ihm häufige Einteilung, die auf den ersten Blick bereits dialektisches Denken assoziiert. Die Dreizahl findet sich mehrfach wieder: Bereits in der ersten Strophe wird eine dialektische Bewegung mit

---

162 Vgl. Dichter-Bäume. In: Der Spiegel, Heft 4/1998, S. 181
163 Zitiert nach Mittenzwei, Bd. 2, S. 541 f.

klangähnlichen Strukturen eingebracht: stehen – gehen – sehen. Nur wenn der Baum steht und Menschen gehen, ist Sehen möglich, auch im übertragenen Sinn des Erkennens. In der zweiten Strophe tritt eine dreifache Folge von Gefahren für Menschen und Bäume auf: frorn – Holz war rar – Bäume fielen. Eine tragische Konstellation wird erkennbar: Wie auch immer man sich entscheidet, einer wird untergehen. In der dritten Strophe folgt ein Dreischritt aus dieser Tragik heraus: zeigen – danken – haben. Indem die Pappel das Ergebnis menschlichen Verzichts zeigt, ist den Menschen zu danken, die nun gemeinsam die Pappel „haben" – und sich selbst. Eine Mehrdeutigkeit ist erneut signifikant: „sie" bedeutet „die Pappel", kann aber auch als „die Menschen" verstanden werden.

Der Mensch bewahrt die Natur, um sich dadurch als Mensch zu bestätigen und zu erhalten. Nicht die kurzlebigen Vorzüge nutzt er – das Feuerholz –, sondern er schafft die Symbiose zwischen Mensch und Natur durch eine Art Gesellschaftsvertrag.

> Symbiose zwischen Mensch und Natur

Er erhält oder gewinnt dadurch eine menschliche Fähigkeit: Der Baum ist für ihn nicht nur ein Stück Natur mit Gebrauchswert, der ihm Wärme verspricht, sondern natürliche Schönheit, die er genießen kann. Brechts Gedicht ist ein Kompendium lyrischer Möglichkeiten. Die erste Strophe weist einen Kreuzreim auf (abab), der eine besondere Ausgestaltung erfährt: Die a-Reime stimmen als identischer Reim überein („Karlsplatz" – „Karlsplatz"). Durch die Art des Reims bekommt das Gedicht eine strenge vierzeilige Ordnung. Der Reim „Berlin – Grün" dagegen ist ein „unreiner Reim". Während der identische Reim der ersten Strophe auf Harmonie zielt, bringt der unreine Reim in der gleichen Strophe Störungen ein, die allerdings durch Arbeit überwunden werden. Während die erste Strophe im Präsens steht, wechselt die zweite ins Präteritum und tendiert mit dem ersten Vers zur Chronik („In dem Winter sechsundvierzig"; V. 5). Für die Zeitge-

der Winter 1946

nossen war der Winter 1946 ein schreck-
licher Winter, der in Erinnerung blieb.
Dadurch konnte sich Brecht auch auf mehr als nur Bäume beziehen: Im Schlussvers der Strophe sind in dem neutralen „es" nicht
nur die Bäume gemeint; auch Menschen erfroren in diesem Winter. Auch an den Krieg selbst erinnert diese Strophe, wenn es
heißt „Und es fielen da viele Bäume" (V. 7). Klanglich wird das
„fielen" durch „viele" verstärkt. Und dennoch blieb der Baum
stehen. Der chronikalische Charakter des Gedichts wird unter-
strichen durch zusätzlich verwendete archaisch wirkende Formen
(„frorn", „wurd", „rar"). Die Strophe weist keinen vollständigen
Kreuzreim auf. Die Störungen häufen sich, sind aber vergangen
und überwunden. Aus der Irritation der ersten Strophe und ihrer
Überwindung, die zwischen erster und zweiter Strophe liegt, entsteht eine vollkommene Harmonie in der dritten Strophe, die
wieder im Präsens steht: Der identische Reim wird erneut eingebracht und wird nun begleitet von einem reinen Reim („Blatt" –
„hat"), der zusätzlich klanglich durch das „a" den identischen
Reim „Karlsplatz" anspricht. Außerdem verstärkt eine a-Assonanz
drei Verse. Die klangliche Harmonie wird vollkommen. Die Reim-
technik wurde von Brecht genutzt, um Programm (1. Strophe),
Störung des Programms (2. Strophe) und Erfüllung des Programms (3. Strophe) poetisch umzusetzen:

1. das Programm: „Eine Pappel steht am Karlsplatz"; Präsens
   und identischer Reim
2. die Störung: „Und es fielen da viele Bäume"; Präteritum
   mit archaisch wirkenden Formen wie „frorn", gering ausge-
   prägter Reim nur in dem Paar „rar" – „Jahr".
3. Erfüllung des Programms: „Seid bedankt, Anwohner vom
   Karlsplatz"; Rückkehr zum Präsens und zum identischen
   Reim „Karlsplatz", der zusätzlich gestützt wird durch einen
   „a"-Reim.

Das Verhalten der Menschen hat zu dieser Harmonie geführt, die in der Wirklichkeit vorhanden ist und im Gedicht poetisch verarbeitet wird. Weil die Menschen nicht die Pappel fällten, um für kurze Zeit heizen zu können, bewahrten sie ein Stück Natur unter persönlichem Verzicht für die Nachwelt. Die grammatische Struktur ist einfach und verzichtet auf Untergliederungen. Dagegen reiht der Dichter die Sachverhalte durch die Konjunktion „und"; er gleicht sich damit kindlichem Denk- und Sprechvermögen an.

Diese Pappel stand tatsächlich am Berliner Karlsplatz. Dennoch wird dieser Umstand für den Leser bedeutungslos sein. Aber die Betonung des Platzes wendet den Blick auf ein Zentrum, verstärkt damit die Bedeutung des Themas und Anliegens.

Im Umkreis des oben betrachteten Gedichts ist auch das in Schulen bevorzugt behandelte Poem *Die Vögel warten im Winter vor dem Fenster* (aus den *Neuen Kinderliedern*, 1950) anzuführen. Die Beziehung zwischen beiden Gedichten formuliert Walter Hinck:

> *Auch hier also ein Plädoyer für ein Erfreuen, das sich nicht durch seine Nützlichkeit rechtfertigen muss. Lässt sich die Schlussstrophe dieses Gedichts als ein Gleichnis für das unbedingte Daseinsrecht der Kunst ohne Auftrag lesen, so* Die Pappel vom Karlsplatz *als gleichnishafte Ermunterung, das Schöne (und damit auch die Kunst) über die existentiellen Schiffbrüche hinweg zu retten.*[164]

Das Gedicht hat zahlreiche lyrische Ergänzungen und Weiterführungen nach sich gezogen. Volker Braun ging in seiner Zusammenschau *Vom reichen B.B.* auf dieses Gedicht ein und schrieb: „An einen grünen Baum / Hat er graue Blätter gesteckt. / Jetzt sah man: sie sind grün. / Das war der V-Effekt."[165] Die an den Baum „gesteckten" grauen Blätter verweisen auf die Vernichtung

---

164 Walter Hinck: *Das freundlich Grün.* In: Reich-Ranicki, Der Mond über Soho, S. 210 f.
165 Volker Braun: *Vom reichen B.B..* In: Ders.: Texte in zeitlicher Folge. Bd. 6. Halle, Leipzig: Mitteldeutscher Verlag, 1992, S. 81

der anderen Bäume und auf den kleinen *Pflaumenbaum* aus dem gleichnamigen Gedicht.

Die von Brecht „besungene" Pappel wurde 1953 schließlich doch gefällt; sie hatte sich nicht von den Kriegsschäden erholt. An ihre Stelle wurden fünf Pappeln gepflanzt, die ein Jahr später ebenfalls entfernt wurden, weil die Anwohner befürchteten, sie könnten ihnen Licht nehmen. Heinz Kahlau (geb. 1931), seit 1953 Meisterschüler Brechts, schrieb unter Bezug auf *Die Pappel vom Karlsplatz* sein Gedicht *Neue Bäume am Karlsplatz* und ging in dem dreistrophigen Gedicht auf die fünf jungen Bäume ein:

> Dass es aber denen, die da wohnten,
> die in Kält und Not die Pappel schonten,
> nicht an frischem Grün gebrach
> pflanzte man fünf junge Bäume nach.
>
> Wenn sie euch mit Grün beschenken,
> möchte ich bitten, dass ihr euch nicht scheut,
> auch noch an den alten Baum zu denken.
> Er hat euch in schwerer Zeit erfreut.[166]

Als Kahlau vom Entfernen der fünf jungen Pappeln erfuhr und das erzürnt bedichten wollte, riet ihm Brecht ab und warnte vor „Ungerechtigkeit": Eine neue Qualität würde erreicht, wenn alle Städtebewohner „eine grüne Stadt mit hellen Fenstern"[167] haben und ihnen niemand das Licht nimmt.

---

166 Heinz Kahlau: *Über das Poetische*. In: NDL, Heft 1/1965, S. 97
167 Ebd., S. 98

Kinderhymne

Anmut sparet nicht noch Mühe
Leidenschaft nicht noch Verstand.
Daß ein gutes Deutschland blühe
Wie ein andres gutes Land.

5 Daß die Völker nicht erbleichen
Wie vor einer Räuberin
Sondern ihre Hände reichen
Uns wie anderen Völkern hin.

Und nicht über und nicht unter
10 Andern Völkern wolln wir sein
Von der See bis zu den Alpen
Von der Oder bis zum Rhein.

Und weil wir dies Land verbessern
Lieben und beschirmen wir's
15 Und das liebste mag's uns scheinen
So wie andern Völkern ihrs.[168]

Die beiden zu interpretierenden Gedichte *Kinderhymne* und *Als ich nachher von dir ging* stammen aus unterschiedlichen Zyklen, sind gleichzeitig entstanden und gehören unter dem Gesichtspunkt der philosophischen Grundlegung zusammen wie zwei Seiten einer Medaille. Die *Kinderhymne* hat außerdem Ähnlichkeiten mit *Von der Freundlichkeit der Welt* (1921, aus der *Hauspostille*): In dem Gedicht hatte Brecht zahlreiche christliche Motive – von der Geburt Jesus bis zur Grablegung – verwendet und das

---

168 In den meisten Drucken des Gedichts steht, wohl dem Rhythmus folgend, in der achten Versezeile „andern Völkern". Vgl. Brecht: *Gedichte*. Bd. VII. Berlin, Weimar: Aufbau-Verlag, 1969, S. 71. In beiden Fassungen des BFA (S. 12, S. 295 und S. 303) heißt es indessen „anderen Völkern".

Schicksal der Kinder auf der Erde als trostlos beschrieben („Von der Erde voller kaltem Wind / Geht ihr all bedeckt mit Schorf und Grind."; BFA 11, 68). Die *Kinderhymne* entwirft den Umriss eines freundlichen Landes in einer freundlichen Welt. Die Position ermöglichte Brecht schließlich 1956 ein *Gegenlied* (zu *Von der Freundlichkeit der Welt*) (BFA 15, 296), in dem er das Leben in dieser freundlichen Welt beschreibt: „Besser scheint's uns doch, aufzubegehren / Und auf keine kleinste Freude zu verzichten / Und die Leidensstifter kräftig abzuwehren / Und die Welt uns

Idee der an Kinder gebundenen
Hoffnung

endlich häuslich einzurichten." So zieht sich die Idee der an Kinder gebundenen Hoffnung durch Brechts Gesamtwerk und bildet ein auffallendes, die Lyrik gliederndes Thema.

Die *Kinderhymne* entstand 1950 und wurde im gleichen Jahr in der Zeitschrift *Sinn und Form* gemeinsam mit anderen Gedichten unter dem Titel *Kinderlieder* veröffentlicht. Am 10. Juni 1950 schrieb Brecht in sein Arbeitsjournal: „fertige in kleinen büscheln kinderlieder für eisler an. Silberschmiedekunst."[169] Hanns Eisler, der seit Anfang 1950 wieder in Berlin lebte, bat Brecht um Lieder zur Vertonung. Andere Anstöße kamen aus der Feier zum 1. Mai und dem 1. Deutschlandtreffen der Jugend und Studenten 1950 in Berlin. Außerdem wünschten Öffentlichkeit und Presse neue Jugend- und Kinderlieder; mehrere Dichter – neben Brecht zum Beispiel Johannes R. Becher mit seinen *Neuen deutschen Volksliedern* (1950, vertont von Eisler) – stellten sich dieser Aufgabe. Nach der Zeitschriftenveröffentlichung fasste Brecht die Gedichte zur Sammlung *Neue Kinderlieder* zusammen, die 1953 im Sonderheft der *Versuche* erschien. Die Kinderlieder wollten eingängig und scheinbar schlicht sein, sie sollten überraschen und „zum fröhlichen Denken in und mittels Poesie"[170] anregen.

---

169 Brecht, *Arbeitsjournal*, S. 487
170 Schumacher, S. 294

Es gibt unterschiedliche Fassungen; die 3. Strophe mit ihren Grenzangaben kam erst später hinzu. Die Fassung aus den *Neuen Kinderliedern* unterscheidet sich in Details von der früheren Veröffentlichung. Der 1. Vers der 4. Strophe der *Kinderhymne* lautete in der ersten Veröffentlichung: „Und weil wir dieses Land verbessern"[171], später wurde „dieses" auf „dies" verkürzt.

Besonderer Entstehungsanlass des Gedichts war August Heinrich Hoffmann von Fallerslebens *Lied der Deutschen* (1841, nach Joseph Haydns Melodie [1797] zur Hymne auf den Kaiser des Heiligen Römischen Reiches Deutscher Nation *Gott erhalte den Kaiser!*[172]), auch als *Deutschlandlied*[173] bekannt. Seit 1949 gab es durch die CDU und Vertriebene in der Bundesrepublik Bestrebungen, das *Deutschlandlied* wieder als deutsche Hymne zuzulassen. Im April

das *Deutschlandlied*

1950 verwendete Konrad Adenauer die dritte Strophe bei einer Kundgebung im Berliner Titanic-Palast als Hymne. Am 8. Mai 1952 wählte die Bundesrepublik Deutschland nach einem Briefwechsel zwischen Konrad Adenauer und Theodor Heuss das Lied offiziell zur deutschen Nationalhymne, allerdings nicht die problematische erste Strophe (*Deutschland, Deutschland über alles ...*), sondern die dritte (*Einigkeit und Recht und Freiheit ...*). Hoffmann von Fallersleben hatte sein *Lied der Deutschen*, das er auf dem damals britischen Helgoland dichtete, gegen die deutsche Zersplitterung und Kleinstaaterei geschrieben. Haydns Melodie benutzte er, um zur deutschen Einheit die Gemeinsamkeiten zwischen den deutschen und österreichischen Ländern heranzuziehen. Um 1900 avancierte das Lied zur Hymne nationa-

---

171 Das Gedicht erschien in Sinn und Form, Heft 6/1950, S. 45
172 Die Melodie zu dem Text von Lorenz Leopold Haschka ging als Andante in Haydns *Kaiserquartett* (Opus 76 Nr. 3, G-Dur) ein.
173 Die gesamte Geschichte der deutschen Hymne und der möglichen Alternativen findet sich in der Dokumentation: Musik von unten e. V. (Verein für demokratische Musikkulturen in Geschichte und Gegenwart). Informationsblatt Nr. 8, Hamburg, 1990.

listischer Kreise und galt 1907 bereits als Nationalhymne.[174] Am 11. August 1922 war dieses Lied trotz großer Bedenken von Friedrich Ebert (SPD) offiziell deutsche Hymne geworden, wobei Ebert die dritte Strophe favorisierte. Im Nationalsozialismus stand das *Deutschlandlied* gleichberechtigt neben dem *Horst-Wessel-Lied*. Nach 1945 untersagten die Besatzungsmächte die Verwendung des *Deutschlandliedes*.

Geschichte der deutschen
Hymnen

Brechts *Kinderhymne* richtet den Blick auf die Geschichte der deutschen Hymnen. Deren hymnischer Grundzug wurde von Brecht aufgenommen und semantisch umgesetzt; Hanns Eisler nahm die Vertonung des *Deutschlandliedes* polemisch auf und zitierte sie in der neuen Nationalhymne, die Johannes R. Becher für die DDR geschrieben hatte (*Auferstanden aus Ruinen* ...). Brecht polemisierte gegen die Formulierung des *Deutschlandliedes* „von der Maas bis an die Memel, von der Etsch bis an den Belt" – die geografischen Angaben gehören zu Belgien, Litauen, Italien und Dänemark –, in der er territoriale Ansprüche und expansive Politik sah. Dagegen setzte er die nach den Verbrechen des Nationalsozialismus, seiner vernichtenden Niederlage und dem Ende des Zweiten Weltkrieges entstandenen Grenzen „Von der See bis zu den Alpen / Von der Oder bis zum Rhein" (V. 11 f.). In diesen Grenzen klingt formal der großdeutsche Anspruch eines „bösen Deutschland" an, aber er ist auf die Grenzen eines „guten Deutschland" geschrumpft. Auch die Eröffnung des Liedes wurde polemisch beantwortet: Aus dem „über alles" wurde „nicht über und nicht unter" (V. 9). Ein Deutschland wird beschrieben, das mit seinen Nachbarn im Einvernehmen lebt und gleichzeitig die Konsequenzen aus zwei von Deutschland ausgelösten und von Deutschland verlorenen Weltkriegen gezogen hat, ohne sich dabei selbst aufzugeben. Immerhin warten die Deutschen, bis

---

174 Vgl. ebd., S. 9

man ihnen die Hände reicht. Ihre Vergangenheit wird in einem einzigen Wort erinnert, in „Räuberin" (V. 6). Das Wort ist wenig gebräuchlich und ungewöhnlich, es entsteht der Eindruck der Einmaligkeit dieses Verbrechertyps. Brecht konnte den Begriff auch in Rimbauds *Was man dem Dichter sagt Blumen betreffend* finden: „Räuberin (Diebin) der dunklen Gnaden."[175] Gleichzeitig führte Brecht das mütterliche Moment, das sich mit weiblichen Formen verbindet, ad absurdum. – Bis heute ist das *Deutschlandlied* als Hymne umstritten.

Dass Brechts Gedicht in dieser Auseinandersetzung Bedeutung hatte, machte der Autor und Politikwissenschaftler Iring Fetscher deutlich, der es als „das schönste Deutschlandlied, das ich kenne"[176], bezeichnete. Ähnlich urteilte auch Norbert Lammert, heute Präsident des Bundestages, 2006 über das Gedicht.[177] Deutschland wird mit anderen Ländern und Völkern gleichgesetzt. Das Wort „andere" löst dabei vielfältige Vergleiche aus: Es möge blühen „wie ein andres gutes Land", das die Völker „uns wie anderen Völkern" die Hand reichen. Die Voraussetzung ist, nicht über und nicht unter „andern Völkern" sein zu wollen; das Ziel ist eine gerechtfertigte Liebe zum „Land" – Brecht ließ die Bestimmung „Vater-" ebenso weg wie „Heimat-", sie hatten ihre moralische Integrität verloren –, diese Liebe darf aber nur „scheinbar" richtig bleiben: „Und das liebste mag's uns scheinen / So wie andern Völkern ihrs." (V. 15 f.) In der Konzentration auf das Wort „andere" und der damit verbundenen Assoziation „das Eine und das Andere" wird die dialektische Beziehung deutlich, denn zum „anderen" wird man erst, wenn der „eine" vorhanden ist. Wenn andere Völker anerkannt werden, kann man das eigene Volk lieben, das für andere Völker eben auch das andere ist. Dabei gewinnt der Vers „Uns wie anderen Völkern hin" (V. 8) eine zentrale

---

175 Arthur Rimbaud: *Sämtliche Werke*. Leipzig: Insel, 1976, S. 125
176 Iring Fetscher: *Leidenschaftlich, aber kontrolliert*. In: Reich-Ranicki, Der Mord über Soho, S. 205
177 Vgl. Marxistische Blätter, Heft 1/2007, S. 92

Bedeutung, die sich nicht nur aus seiner Stellung in der Mitte des Gedichts ergibt, sondern auch aus der Zusammenführung von „uns" und „andere Völker": Höchster Respekt wird durch sprachliche Genauigkeit ausgedrückt.

sprachliche Mittel   Zwei weitere sprachliche Mittel weisen sowohl auf den hymnischen Charakter als auch auf die entstehende Bedeutung hin: Das Gedicht wird mit einem Imperativ in der 2. Person Plural (sparet) und einem Verb im Präsens Konjunktiv (blühe) eröffnet; das sprechende lyrische Subjekt ist ein „Wir" (uns), kein einzelnes Individuum. Es spricht keinen Einzelnen an, sondern Kinder. Der Imperativ macht den Gestus deutlich, er ist nur denkbar als Aufforderung, die Kinder als gegenwärtigen, unmittelbaren Partner zu sehen. Für sie gilt auch der argumentierende Gestus, der in den zahlreichen Konjunktionen mit dem Höhepunkt der Dopplung „und weil" (V. 13) deutlich wird. In Anbetracht der Tatsache, dass die Erwachsenen in ihrer Mehrzahl den Nationalsozialismus zustimmend begleiteten, die Gegner zu Tausenden umkamen, können auch nur Kinder der neue Ansprechpartner sein. Sie sind als Gemeinschaft in allen Strophen vorhanden, in der ersten Strophe ungenannt, denn der an sie gerichtete Imperativ steht in der 2. Person Plural, dann als „uns, wir, wir". Die abschließende dritte Strophe bietet ein Feuerwerk der Pronomen, von denen sich in jedem Vers eines findet: wir, wir, uns, ihr. Die Assoziation von „das Eine und das Andere" wird damit konkretisiert: Auch wenn das Bekenntnis zum eigenen Vaterland nachdrücklicher ist, so hat der Respekt vor den anderen Ländern seinen Platz.

Verse, Strophen und Metrik sind regelmäßig und an der alten Hymne orientiert; die Verse werden mit Hebungen eröffnet. Die Versordnung tendiert zur Langzeile: Immer zwei Verse bilden eine und weisen dadurch auch auf die alte Hymne mit dem Text Hoffmann von Fallerslebens zurück („Deutschland, Deutschland über alles, über alles in der Welt.").

Der Dichter betonte die Kontinuität seines Schaffens für Kinder, indem er seine Gedichte, die zuerst den Titel *Kinderlieder* trugen, *Neue Kinderlieder* nannte. Damit erinnerte er an die *Kinderlieder* in den *Svendborger Gedichten* (1939), die ursprünglich als Ganzes (13 Gedichte) einen Abschnitt füllen sollten; sechs wurden aufgenommen. Es war ein Kompromiss, denn Benjamin hatte von der Aufnahme des Zyklus abgeraten, weil der Exilcharakter der anderen Gedichte „durch eine disparate Reihe geschmälert" werde (Walter Benjamin: *Tagebuchnotizen*; BFA 12, 362). Brechts Einwand: Im Kampf gegen die Faschisten dürfe nichts ausgelassen werden. „Wir dürfen die Kinder auf keinen Fall auslassen." Nun hatte er den Kindern etwas anderes zugedacht: Sie sollten dialektisch denken lernen, deshalb formulierte er die Ansprüche an sie in Gegensatzpaaren und grundsätzlich als Negation („... nicht noch ..."). Dabei bildeten die Begriffe nicht nur Gegensätze, sondern auch sich ergänzende Bedingungen. Anmut und Mühe bilden eine Harmonie von geistiger und körperlicher Anstrengung; Leidenschaft und Verstand lenken und leiten diese Anstrengung als Einheit von Gefühl und Geist. Weit über den kindlichen Adressaten gehen die geistigen Bezugsfelder der Begriffe hinaus. Bereits das Eröffnungswort „Anmut" überschreitet die kindliche Erfahrung, es erinnert an Schillers berühmten Aufsatz von 1793 *Über Anmut und Würde* und weist auf das Menschenideal der klassischen deutschen Literatur hin, wonach sich die „schöne Seele" aus der harmonischen Zusammengehörigkeit von Gefühl und Verstand entwickelt. Dass Brecht um den Begriff „Anmut" gerungen hat, machen Entwürfe zu dem Gedicht deutlich. Er versuchte zuerst andere Begriffe wie „Arbeit", ehe er mit „Anmut" das richtige und geeignete Wort gefunden hatte.[178] „An-

> Kontinuität seines Schaffens für Kinder

> „Anmut"

---

178 Vgl. das Typoskript 1950 (Faksimile). In: Stiftung Archiv der Akademie der Künste Berlin-Brandenburg. Bertolt-Brecht-Archiv. Kulturstiftung der Länder. Berlin: o. V., 1996 (Patrimonia 71), S. 18

mut" war die geistige Selbstbestimmung des Menschen gegenüber Schönheit und Sinnlichkeit.

Schiller bezog sich auf die Antike und ihr Verständnis von Natur und Vernunft; Anmut war eine Schönheit in Bewegung, die nicht von der Natur hervorgebracht, sondern durch den Menschen entwickelt werden musste. Offenkundig entwickelte Brecht für Eltern ein Erziehungsmodell, das nicht von Ordnungsprinzipien – preußische Ordnung und Disziplin hatten die deutschen Verbrechen nicht verhindert –, sondern von

Menschlichkeit

Menschlichkeit bestimmt wurde. Er ging noch einen Schritt weiter und setzte seine Begriffe in der gleichen Paarigkeit wie Schiller, der „von Sinnlichkeit und Vernunft, Pflicht und Neigung" gesprochen hatte:

> *In einer schönen Seele ist es also, wo Sinnlichkeit und Vernunft, Pflicht und Neigung harmonisieren, und Grazie ist ihr Ausdruck in der Erscheinung. Nur im Dienst einer schönen Seele kann die Natur zugleich Freiheit besitzen und ihrer Form bewahren, da sie erstere unter der Herrschaft eines strengen Gemüts, letztere unter der Anarchie der Sinnlichkeit einbüßt.*[179]

Brecht drehte dialektisch Schillers Setzung gleich zweimal um, eine Negation der Negation, und sprach von „Anmut und Mühe", „Leidenschaft und Verstand". Schillers „Vernunft" und Brechts „Verstand" lassen die Umkehrung erkennen. Das war kein Angebot für ein kindliches Denken, appellierte an die bürgerliche Bildung und zeigte auf, wie durch neue Rangfolgen traditionelle Werte erhalten und „aufgehoben" – bewahrt und auf eine neue Stufe gehoben – werden konnten. Ohne Schiller zu nennen, brachte Iring Fetscher die Veränderung in den entsprechenden Satz: „Dieses Verbessern soll mit Anmut und Mühe, unverkrampft, aber doch mit Anstrengung erfolgen, leidenschaftlich – aber kon-

---

179 Friedrich von Schiller. *Sämtliche Werke.* Bd. 11. Hrsg. von Gustav Karpeles. Leipzig: Max Hesses Verlag, o. J., S. 202 (Nationalausgabe, Bd. 20, S. 288 f.)

trolliert durch den nüchternen Verstand."[180] Anmut war die Erscheinungsform eines Menschen, der Tätigkeit (Pflicht, Vernunft) und Leidenschaft (Neigung, Sinnlichkeit) vereinen konnte. Schillers Würde indessen spielte bei Brecht keine Rolle mehr; Schiller hatte sie abgeleitet aus den „Gesetzen der Vernunft", die menschliche Sittlichkeit bestimmte, im Gegensatz zu der „Gesetzgebung der Natur", die Sinnlichkeit und Trieb des Menschen bestimmte: „Die Gesetzgebung der Natur hat Bestand bis zum Willen, wo sie sich endigt und die vernünftige [Gesetzgebung, R. B.] anfängt. Der Wille steht hier zwischen beiden Gerichtsbarkeiten, und es kommt ganz auf ihn selbst an, von welcher er das Gesetz empfangen will."[181] Die deutschen Verbrechen in nationalsozialistischer Zeit und im Zweiten Weltkrieg hatten diese Würde und Vernunft entwertet.

Metrische und gestische Gliederung stimmen vollständig überein. Hans-Georg Werner hat das in einer Interpretation des Gedichts detailliert untersucht und formuliert abschließend:

> *Die Strophen und Zeilen entsprechen den gestischen Einheiten. Nicht zuletzt dadurch erhält der Text seine schlichte, durchsichtige, harmonische Form. In Hinsicht auf die Feingliederung hat das Gestische die Prävalenz; es hebt das metrische Alternieren auf. Die ersten beiden Zeilen des Gedichts zeigen die angewandte Technik besonders deutlich. Von den vier Hebungen jeder Zeile sind nur zwei sprachlich realisiert, und zwar werden diejenigen Wörter hervorgehoben, auf deren Mitteilung und wechselseitigen Bezug es besonders ankommt: Anmut, Mühe, Leidenschaft, Verstand.*[182]

---

180 Iring Fetscher: *Leidenschaftlich, aber kontrolliert*. In: Reich-Ranicki, Der Mond über Soho, S. 206
181 Schiller, S. 205
182 Hans-Georg Werner: *Gestische Lyrik*. Zum Zusammenhang von Wirkungsabsicht und literarischer Technik in Gedichten Bertolt Brechts. In: Etudes Germaniques, Heft 4/1973, S. 495

Am 3. Januar 1951 wurde die *Kinderhymne* als Festlied für Kinder bei der offiziellen Feier zum 75. Geburtstag von Wilhelm Pieck, dem Präsidenten der DDR, in der Vertonung Hanns Eislers gesungen. Die Absicht, Volks- und Kinderlieder zu schreiben, wirkte sich in der *Kinderhymne* auf die Form aus, die vom Kinder- und Volkslied abgeleitet worden ist, man denke an Lieder wie „Fuchs, du hast die Gans gestohlen" (Text und Musik nach einem alten Kinderlied: Ernst Anschütz, 1824) oder „Alle Vögel sind schon da" (Text: Heinrich Hoffmann von Fallersleben) und viele andere, die im Rhythmus ähnlich sind. Durch den hymnischen Charakter verzichtete er auch darauf, die aufgenommenen Formen ironisch zu brechen, wie es bei anderen Kinderliedern (*Liedchen aus alter Zeit*) der Fall war.

Brechts *Kinderhymne* ist „eine demokratische Hymne"[183]. Sie gehörte zu den bekanntesten Kinderliedern in der DDR, durch die Musik Hanns Eislers und Irmgard Arnolds Gesang wurde sie berühmt. Seit der Wiedervereinigung 1990 wurde mehrfach und fortlaufend bis heute vorgeschlagen, diese Hymne an die Stelle der nach wie vor umstrittenen Nationalhymne zu setzen.

---

183 Iring Fetscher: *Leidenschaftlich, aber kontrolliert.* In: Reich-Ranicki, Der Mond über Soho, S. 206

Als ich nachher von dir ging
An dem großen Heute
Sah ich, wie ich sehn anfing
Lauter lustige Leute.

5 Und seit jener Abendstund
Weißt schon, die ich meine
Hab ich einen schönern Mund
Und geschicktere Beine.

Grüner ist, seit ich so fühl
10 Baum und Strauch und Wiese
Und das Wasser schöner kühl
Wenn ich's auf mich gieße.[184]

Das Gedicht wurde 1953 erstmals in einem Programmheft zum *Konzert mit Werken von Paul Dessau*, der es gemeinsam mit drei anderen Liebesliedern vertont hatte (Zyklus *Vier Liebeslieder nach Texten von Bert Brecht für Gesang und Gitarre*), veröffentlicht. Entstanden ist es 1950. Wenn diese Gedichte Brechts „Spätzeit"[185] zugerechnet werden, bezieht man sich auf den frühen Tod des Dichters, erweckt aber einen falschen Eindruck: Brecht schrieb diese Gedichte auf der Höhe seines Schaffens. Das Liebesgedicht gehört in die Zeit von Brechts „letzte(r) Liebe"[186] Isot Kilian, die 1952 den Philosophen Wolfgang Harich geheiratet hatte; sie war von 1953 bis zu seinem Tod Brechts Geliebte. Aber auch Käthe Reichel gehörte zu Brechts Kreis. Die Beziehungen waren, da sie mehrere andere Verhältnisse tangierten und schnitten, problema-

---

184 Öfters findet sich in Abdrucken entgegen dem Original im 3. Vers statt „wie' „als". Vgl. Reich-Ranicki, Der Mond über Soho, S. 197. Das Gedicht wird auch mit dem Titel *Liebeslieder I* versehen, vgl. Bertolt Brecht: *Gedichte,* Bd. 8. Berlin, Weimar: Aufbau-Verlag, 1969, S. 91
185 Benno von Wiese: *„Liebeslieder" vom späten Brecht.* In: Hinck, S. 118 ff.
186 Vgl. Ditte von Arnim: *Brechts letzte Liebe. Das Leben der Isot Kilian.* Berlin: Transit Buchverlag, 2006

tisch und irritierend. In den autobiografischen Aufzeichnungen Brechts nimmt sich Isot Kilians Beschreibung aus wie ein Kommentar zu dem Gedicht:

> *Die Freundin, die ich jetzt habe und die vielleicht meine letzte ist, gleicht sehr meiner ersten. Wie jene ist auch sie leichten Gemüts; wie bei jener überrascht mich tiefere Empfindung … Sie suchen allen zu gefallen, lassen sich aber nicht jeden gefallen, dem sie gefallen. Meine jetzige Freundin ist wie meine einstige am lieblichsten, wenn sie genießt.*[187]

Der Titel stammt von Brecht und hieß zuerst *Lied einer Liebenden*, dann *Liebeslied*; Dessau übernahm den Titel bei der Vertonung nicht. Früh wurde das Gedicht verbreitet, so als Beispiel „der Schönheit eines volksliedhaften Gedichts"[188], interpretiert von Gerhard Wolf, in der Zeitschrift „Junge Kunst". Der Text entspricht nicht den Vorstellungen eines traditionellen Liebesgedichts, sondern reflektiert die Aspekte, die zu jeder Liebe gehören, aber selten bedichtet werden: die sexuelle Vereinigung. Deshalb finden sich keine traditionellen Metaphern, sondern „handlungsintensive" Vorgänge wie „einen schönern Mund / Und geschicktere Beine" (V. 7 f.). Auf unverbindliche und abgenutzte Bilder verzichtet Brecht, schaltet aber gleichzeitig „jede Gefühlsduselei oder romantische Anspielung" aus: „Es hat nichts von der aggressiven Erotik mancher zeitgenössischer Enthüllungsgedichte bestimmter Provenienz und ist doch offen und rückhaltlos ehrlich."[189] Das lyrische Subjekt ist eine junge Frau; der erste Titel sagt es deutlich. Es gibt allerdings keinen direkten Hinweis im Text darauf, bezieht man nicht „Mund" und „Beine" auf eine Frau. Doch könnte es sich auch um einen Mann handeln, der die Geliebte verlässt, wie

---

187 Brecht, *Tagebücher*, S. 216
188 Gerhard Wolf: *Zu zwei Gedichten von Bertolt Brecht.* In: Junge Kunst. Organ des Zentralrats der Freien Deutschen Jugend, Heft 3/1959, S. 63
189 Ebd.

es im Sonett *Entdeckung an einer jungen Frau* (um 1925) geschieht. Unter dem Aspekt der Tradition des Tagliedes spräche außerdem manches dafür. – Die Frau verlässt den Geliebten am Morgen nach einer Liebesnacht, die in der „Abendstund / Weißt schon, die ich meine" (V. 5 f.) begonnen hatte. Das „große Heute" (V. 2) assoziiert Tagesanbruch, hat aber auch einen zeitgeschichtlichen Hintergrund. Mit dem „Heute" verbanden sich alle Vorstellungen des Neuanfangs nach 1945. In dem Sinn verstand die Zeitschrift „Heute und Morgen" (1947–1954, herausgegeben von Willi Bredel) ihren Titel, so wurde der Begriff in Dokumenten und der zeitgenössischen Geschichtsschreibung verwendet.[190] Eine erfüllte Liebe wird nicht durch den Abschied zerstört, sondern durch Unfreundlichkeit und Bedrohung. „Lustige Leute" in *Als ich nachher ...* verhindern beides; „neue Erlebnis- und Wahrnehmungsfähigkeiten beglücken den Menschen"[191]. Die Liebe machte die Freundlichkeit und Sicherheit möglich und öffnete den Blick. Es gibt keinen Vorwurf, den sich der Gedichtadressat machen könnte; es gibt keine Scham, die er empfinden müsste.

Hingabe ist Bestandteil der Liebe und nicht an gesetzliche Vorgaben gebunden. Brecht verstand Ehe und eheliche Treue als historische Kategorien, die überholt waren und vergänglich wurden. Es war eine Auffassung, die sich im 19. Jahrhundert auf breiter Front gebildet hatte und von Philosophen wie Friedrich Engels bis zu Schriftstellern wie Henrik Ibsen und Gerhart Hauptmann ihre Befürworter gefunden hatte. Das Gedicht wirkt wie eine Alternative zu *Erinnerung an die Marie A.* (siehe S. 69 ff. der vorliegenden Erläuterung). Liebe hat nicht nur Erinnerungswert, sondern zeigt auch Wirkungen, nämlich fröhlich-heitere. Ein grundlegender Wandel im

Ehe und eheliche Treue

---

190 Vgl. Aufruf der Kommunistischen Partei Deutschlands vom 11. Juni 1945. In: Walter Ulbricht: *Zur Geschichte der neuesten Zeit.* Bd. I, 1. Halbband. Berlin: Dietz, 1955, S. 373: „Nach all dem Leid und Unglück, der Schmach und Schande, nach der dunkelsten Ära deutscher Geschichte, heute, am Ende des ‚Dritten Reiches' ..."
191 Schuhmann, *Untersuchungen zur Lyrik Brechts*, S. 102

Umgang mit der Liebe ist eingetreten. Zwar ist Liebe immer noch die privateste Beziehung des Menschen, nun aber vollzieht sie sich unter anderen gesellschaftlichen Umständen, denen Existenzunsicherheit fremd ist. Liebe führt zum privaten Zusammenleben in einer gesellschaftlichen Utopie des harmonischen Zusammenseins. Hier nun hebt sich auch die vermisste Freundlichkeit (*An die Nachgeborenen*) in einem neuen Natur- und Lebensgefühl auf und das Liebeserlebnis wird zur Vorstufe eines neuen Menschheitsgefühl: Deshalb lebt das lyrische Subjekt seine Erfüllung auch vor den Menschen, denen es begegnet, aus.

Brecht unterhielt laut eigener Aussage zu Frauen lange Zeit „eine rein verbrauchende Einstellung"[192]. Das änderte sich in der Zeit des Exils und in der letzten Zeit seines Lebens, als ihm Helene Weigel eine Partnerin wurde, ohne die er seine Arbeit nicht hätte leisten können und ohne die nach dem Krieg das neu gegründete Berliner Ensemble kaum existenzfähig gewesen wäre. Alle Erinnerungen junger Schauspieler, Studenten und Regisseure gehen auf den geradezu genialen Leitungsstil der Weigel ein. Das Berliner Ensemble (BE) wurde vom Ministerium für Volksbildung der DDR gegründet und stand unter der Leitung Helene Weigels. Solange man kein eigenes Haus hatte – das bekam das BE 1954 –, gewährte Wolfgang Langhoff dem Ensemble Gastrecht im „Deutschen Theater". Die zunehmende Achtung Brechts gegenüber seiner Frau, der Mutter seiner Kinder, die sich auch in poetischen Texten ausdrückte (*Die Requisiten der Weigel*, 1940), war allerdings kein Grund für ihn, nicht auch andere Frauen an sich zu binden. Helene Weigel duldete das nicht nur, sondern ordnete auch den gesamten Hausstand.

---

192 Klaus Völker: *Bertolt Brecht*. Eine Biographie. München, Wien: Carl Hanser Verlag, 1976, S. 383

Die Frau, die neben Isot Kilian Inspiration für die Liebesgedichte von 1950 war, hieß Käthe Reichel und war Schauspielerin. Ihre erste Rolle am BE war die des Dienstmädchens in der Inszenierung der *Mutter* (frei nach Motiven aus Gorkis Roman von Bertolt Brecht, Premiere 10. Januar 1951 im Deutschen Theater). Die Titelrolle spielte Helene Weigel. Das Dienstmädchen wird für die Revolutionärin Pelagea Wlassowa zur „neuen Schülerin"[193]. Der Dichter, so schreibt Brecht-Biograf Klaus Völker, gab „Fräulein Reichel Liebesunterricht und bewirkte, dass sie ‚einen schönern Mund und geschicktere Beine' bekam"[194]. Für Käthe Reichel hatte Brecht in Buckow ein kleines Haus gemietet (siehe S. 154 der vorliegenden Erläuterung).

Neben dem biografischen Bezug ist die verändernde Kraft der Liebe das Thema | **die verändernde Kraft der Liebe**

des Gedichts. Nach dieser Liebesnacht beginnt die Frau neu zu sehen. Sie kommt als ein anderer Mensch in die Gesellschaft zurück, hat an Selbstwert gewonnen und sieht der Zukunft erwartungsvoll entgegen, die aus dem „großen Heute" hervorgeht. Dem „großen Heute" wird man nicht mit der hilflos anmutenden Mitteilung gerecht: „... ein außergewöhnliches Erlebnis: Es machte den Tag zum ‚großen Heute'. Kurz und gut: Vermutlich hat das Mädchen in jener Abendstunde die Jungfräulichkeit eingebüßt."[195] Das „große Heute" ist vielmehr die offene, heitere und gleichberechtigte Begegnung der jungen Frau mit der Öffentlichkeit, in der sie ihre Liebe ausstellen darf. Daraus sprechen Freude und Hoffnung, völlig unerwartete Reaktionen nach einem Abschied. Insofern konnte Klaus Schuhmann berechtigt von „einer Abschiedsstrophe ganz neuer Art"[196] sprechen. Die Frau trifft auf „lauter lustige Leute" (V. 4), wobei „lustig" durch den Kontext eine

193 Vgl. die berühmte Dokumentation: Berliner Ensemble. Theaterarbeit. 6 Aufführungen des Berliner Ensembles Hrsg. von Helene Weigel. Dresden: Dresdner Verlag, 1952, S. 148
194 Völker, S. 385
195 Marcel Reich-Ranicki: *Das große Heute*. In: Ders., Der Mond über Soho, S. 199
196 Schuhman, Untersuchungen zur Lyrik Brechts, S. 101

doppelte Bedeutung bekommt: Die Leute sind nicht nur froh, sondern lustvoll. Das Erlebnis war für die junge Frau so großartig, dass selbst die Natur sich ihrer Erfahrung unterwirft: Das kühle Wasser, das sich nicht verändert, wird „schöner kühl". Die intime Beziehung Liebe wird in dem öffentlichen Vorgang gesellschaftlicher Kommunikation aufgefangen, der bietet Hintergrund und Sicherheit. Das ist für Brechts Liebesgedichte eine nicht immer gesicherte Erfahrung. In anderer Zeit hatte die Liebe unter fehlender Sicherheit gelitten: „Die Umarmung ist schnell. / Du gehst zu einem Mahl / Hinter mir sind die Schergen." (*Der Abschied*, um 1937; BFA 14, 374 f.)

Brecht hat das scheinbar salopp formuliert, aber der Vers wird durch die l-Alliteration („lauter lustige") poetisch aufgewertet. Die

die lautmalerischen Einsätze

lautmalerischen Einsätze fallen auf. Die durchgängigen zahlreichen i- und ü-Laute geben dem Gedicht einen kichernden, heiteren, freudigen Klang.

Aber es gab in Brechts letztem Lebensabschnitt durchaus auch Problematisches in Liebesdingen: Im *Liebeslied aus einer schlechten Zeit* (um 1954) teilte er andere Möglichkeiten mit, die nicht unbedingt für ihn zutrafen, aber Lebenseinstellungen beeinflussten. Trotz eines Geschlechtsaktes hatte es zwischen den beiden Menschen kaum Gemeinschaft gegeben, weil sie „miteinander nicht befreundet" waren: „Und träfen wir uns heute auf dem Markte / Wir könnten uns um ein paar Fische schlagen: / Wir waren miteinander nicht befreundet / Als wir einander in den Armen lagen." (BFA 15, 286)

In dem Gedicht hat Brecht „eine ganz andere Grundeinstellung zur Wirklichkeit. Ohne zu zögern, kann er die uralten Vokabeln des Liebesliedes verwenden. Das Naturerlebnis ist frisch wie eh und je. Er kann von jener Abendstunde singen, die uns noch aus irgendwelchen alten Volksliedern durch den Kopf geht, vom kühlen Wasser, von der grünen Wiese."[197] Die Veränderung der traditionellen Bilder, die Brecht aufnimmt, wird durch eine einzige Formulierung erreicht, die ungewöhnlich ist. Nachdem das Geheimnis der beiden Liebenden keines mehr ist, indem die Frau öffentlich über die gemeinsame Stunde bekennt „Weißt schon, die ich meine" (V. 6) und damit den Mann als Partner in ihre Rede einbezieht, spricht sie von einem „schönern Mund" (V. 7) – sie hat ihn, ohne dass davon gesprochen wird, durch das Küssen bekommen –, und die „geschicktere(n) Beine" (V. 8), die den Liebesakt vollkommen machten. Eine solche Deutlichkeit und gleichzeitig Vorsicht bei der Verwendung des Bildes war für die deutsche Literatur neu. Neu war auch die Schlichtheit der Wortwahl und die scheinbar naive Berichtssituation, die für die Beschreibung der Wirkungen einer zurückliegenden Liebesnacht gewählt wurden. In dieser fast nüchternen und sparsamen Rede, die durch unauffällige poetische Mittel wie Alliteration und Assonanz aufgewertet wurde, nimmt sich dann eine Formulierung wie „geschicktere Beine" überhöhend aus und bereitet die klanglich zur Vollkommenheit geführte dritte Strophe vor. Diese beginnt wiederum mit einer Steigerungsform, die ungewöhnlich ist, zuweilen sogar abgelehnt wird, aber im Überschwang der Liebeserfahrung, durch die sich alles ändert, ist auch der Komparativ „grüner" angemessen.

> Überschwang der Liebeserfahrung

Der volksliedhafte Ton ist unüberhörbar. Brecht setzt wie in den *Kinderliedern* den Trochäus ein, bricht ihn aber an den Stellen, wo andere lyrische Mittel verwendet werden (statt: „lauter lustge Leute" – das wäre ein reiner Trochäus – formuliert Brecht im 4. Vers, gestützt von der Alliteration, „lauter lustige Leute", ähnlich im 8. Vers: statt „Und geschickt're Beine" wird ein Daktylus eingebaut: „Und geschicktere Beine"). Es handelt sich um ein Rollengedicht. Da-

> Rollengedicht

---

197 Gerhard Wolf: *Zu zwei Gedichten von Bertolt Brecht.* In: Junge Kunst. Organ des Zentralrats der Freien Deutschen Jugend, Heft 3/1959, S. 64

mit werden traditionelle Beziehungen über das Volkslied hinaus geöffnet zum Studentenlied, zur klassischen Tradition (Goethe: *Römische Elegien*). Der Volksliedton bricht sich, und es klingt eine Tradition des mittelalterlichen „Tagelieds" an.

Das Tagelied beschrieb einen Sonderfall der Liebe, indem es die körperliche Vereinigung zweier sich geheim treffender Liebender bedichtete: Abschied und Trennung nach einer gemeinsamen Nacht, wobei die Liebenden oft gewarnt wurden, etwa durch einen Wächter wie in Walthers von der Vogelweide *tagelied*.

Identisch ist in den Gedichten Brechts und Walthers von der Vogelweide die Abschiedssituation. Der Morgen („dem großen Heute") gab in den romanischen Sprachen dem Liedtyp seinen Namen: „alba" (altfranzösisch „aube") nach der Helligkeit des Morgens. Auch das Bekenntnis zu einer außergewöhnlichen Nacht („so gut war es noch nie"[198]) und der Dialogcharakter in beiden Gedichten sind einander ähnlich. Aber Brecht bringt eine andere soziale Qualität ein: Während bei Walther von der Vogelweide die Trennung der Liebenden erfolgt, um ihre Ehre nicht zu gefährden, denn mindestens die Frau ist verheiratet, können die Liebenden Brechts offen von ihrer Beziehung sprechen, obwohl sie verheiratet sind.

---

198 Walther von der Vogelweide: *Frau Welt ich hab von dir getrunken*. Gedichte. Berlin: Rütten & Loening, 2. Auflage 1980, S. 65

Der Blumengarten

Am See, tief zwischen Tann und Silberpappel
Beschirmt von Mauer und Gesträuch ein Garten
So weise angelegt mit monatlichen Blumen
Daß er vom März bis zum Oktober blüht.

5 Hier, in der Früh, nicht allzu häufig, sitz ich
Und wünsche mir, auch ich mög allezeit
In den verschiedenen Wettern, guten, schlechten
Dies oder jenes Angenehme zeigen.

Das Gedicht erschien 1953 mit fünf anderen Gedichten unter dem Titel „Gedichte". Es eröffnete unter diesem Titel den Abdruck der *Buckower Elegien* in der Zeitschrift *Sinn und Form*, der letzten Gedichtsammlung Brechts, die zugleich eine seiner bedeutendsten wurde. Bei diesem ersten Abdruck von sechs Gedichten war der Charakter des Zyklus noch nicht deutlich zu erkennen. Ihn erkannten die Leser erst bei der Veröffentlichung mit dem endgültigen Titel *Buckower Elegien* (in: *Versuche*, Heft 13, 1954). Hans-Jürgen Syberberg, der bekannte Regisseur, erhob sie zu seinem „Jahrhundertbuch"[199]. Die Sammlung belegte, dass Brechts Schaffenskraft trotz der Belastungen durch die Inszenierungen im Berliner Ensemble und die damit verbundenen Verpflichtungen nicht eingeschränkt, sondern gesteigert wurde.
Um das Umfeld der *Elegien* anzudeuten: 1953 inszenierte Brecht Erwin Strittmatters *Katzgraben* und sein eigenes Stück *Die Mutter*. Kurz darauf dachte er über Inszenierungen O'Caseys, Wischnewskis, Garcia Lorcas, Georg Büchners und schließlich sogar von Becketts *Warten auf Godot* nach.[200]

---

199 Hans-Jürgen Syberberg: ‚*Buckower Elegien' von Bertolt Brecht*. Mein Jahrhundertbuch 29. In: Die Zeit, 15. Juli 1999, S. 53
200 Zu Brechts Arbeitsleistungen finden sich beeindruckende Schilderungen bei Brechts Mitarbeiter Manfred Wekwerth: *Schriften. Arbeit mit Brecht*. Berlin: Henschelverlag Kunst und Gesellschaft, 1975, S. 91 ff., S. 141

Das Gedicht bezieht sich auf den realen Garten Brechts in Buckow am Schermützelsee. Er umgab das „Gartenhaus" auf dem Grundstück, in dem Helene Weigel wohnte. Der Garten wurde von ihr gepflegt. Häuser dieser Art liebte Brecht. Aus dem Exil ist die Metapher vom „dänischen Strohdach" (Motto zu den *Svendborger Gedichten*, BFA 12, 7) bekannt; es gehörte zu einem kleinen Haus mit einem großen Garten unweit einer Meeresbucht. Hans Mayer hat es beschrieben.[201] Das Gedicht steht den düsteren und bedrückenden Elegien gegenüber und lässt am deutlichsten die von Brecht aufgenommene bukolische Tradition erkennen. Dass sich auch die Lektüre „altchinesischer Dichtung"[202] auswirkte – Du Fu, Li Tai-Po und Po Chü-yi –, hat Ilja Fradkin festgestellt. Im November 1953 schickte Brecht Peter Suhrkamp „zur Privatlektüre ein paar ‚Buckowliche Elegien'"[203].

Neubestimmung von Lyrik Im Gedicht *Der Blumengarten* erfolgt eine Neubestimmung von Lyrik, die „dies oder jenes Angenehme zeigen" soll. Es bildet zudem mit dem letzten Gedicht des veröffentlichten Zyklus, bestehend aus sechs Gedichten, einen Rahmen: Das gleichnishafte *Bei der Lektüre eines sowjetischen Buches* beschreibt, wie „die Sowjetmenschen" die Wolga bezwingen wollen, um „die schwarzen Gefilde der Kaspischen Niederung / Die dürren, die Stiefkinder" zu bewässern, die „es ihnen mit Brot vergüten" (BFA 12, 308 f.) werden. Beschreibt das eine Gedicht den privaten Blumengarten, so das andere den gesellschaftlichen Nutzgarten.

Die Schönheit des Blumengartens wird möglich, wenn dürre Landschaften fruchtbar geworden sind; Blumen, also Schönheit, folgen dem Brot und der Beseitigung des Hungers. Der Vorgang an der Wolga ersetzt die Erinnerung an den Krieg und die Schlacht bei Stalingrad; jetzt ist ein friedlicher Kampf im Gange,

---

201 Mayer, S. 36
202 Fradkin, S. 384
203 Brecht, *Briefe*, Bd. 1, S. 672

wenn sich die Wolga mit ihren Nebenflüssen „zornerfüllt auf den Stalingrader Staudamm stürzen" wird.

In einem Garten am See, der vom Frühling bis zum Herbst blüht, geht morgens ein Denker/Dichter seiner Arbeit nach. Er hofft, mit seiner Dichtung ähnlich wie die Natur mit den Blumen in guten und schlechten Wettern zu erfreuen.

Der Garten unterscheidet sich von anderen poetischen Gärten, wie dem aus Theodor Storms *Im Garten*, Stefan Georges *Komm in den totgesagten park und schau*, den Gärten Gottfried Benns oder denen der Else Lasker-Schüler. Georges Lyrik hielt Brecht für kaum brauchbar, für elitär. Man kann den Eindruck gewinnen, als habe Brecht Gedichte geradezu provokativ gegen George gestellt, den Blumengarten gegen Georges 3. Gedicht aus dem *Tag-Gesang*: „An dem wasser das uns fern klagt / Wo die pappel sich lind wiegt." Eine ähnliche Frühstimmung des Dichters wird beschrieben, seine Dichtung will indessen nichts „zeigen", sondern „seiner hand entrieselt traumgold / Das er früh und nur im flug schenkt". Bei Brecht selbst gibt es ein Pendant: *Vom Sprengen des Gartens*. Brecht schrieb es am 9. August 1943; 1949 wurde es in *Sinn und Form* gedruckt. Im *Arbeitsjournal* finden sich dazu Eintragungen, die das Gedicht als ein politisches Programmgedicht der gerechten Verteilung ausweisen. Auch der „nackte Boden" und „das Unkraut" sollen bewässert werden. Dabei wird ein imperativischer Charakter geschaffen: Der Mensch hat die Aufgabe, diesen Zustand zu schaffen und „das Grün zu ermutigen". Im *Blumengarten* ist der Zustand erreicht, er ist eine vollkommene und zur Ruhe gekommene Natur. Gleichzeitig ist es ein Programmgedicht für die *Buckower Elegien* und steht deshalb am Beginn der Erstveröffentli-

ein Programmgedicht

chung in *Sinn und Form*[204]: Das Erreichte, die geordnete und ruhige Natur, schafft die Möglichkeit zu weiteren Entwürfen, die es

---

204 In: Sinn und Form, Heft 6/1953, S. 119

zu entwickeln und zu „zeigen" gilt. Brecht, der Dichter und Denker, „möchte die ‚finsteren Zeiten' hinter sich lassen und angesichts einer nunmehr intakten Natur eine möglichst intakte Kunst anstreben, die nicht mehr die Perversion, die verkehrte Welt widerspiegelt, sondern ‚Angenehmes' zeigt, Vergnügungen bereitet, die ‚weise Anlage' der Natur zu den Menschen trägt"[205]. Nachdem Brecht mit dieser Eröffnung der *Elegien* den erreichten Zustand benannt hat, kann er in den folgenden Gedichten auch die Widersprüche (*Gewohnheiten, noch immer*) zu dem Erreichten – noch „ertönt das Kommando", manche Verhältnisse sind „wie in alten Zeiten" usw. – nennen.

Bäume beherrschen die Szenerie: „Tann und Silberpappel". Sie umfrieden im Sinne des Wortes den Garten und haben damit ihre ursprüngliche Bedeutung endgültig wiedergewonnen. Dass dieser Baum nicht ungefährdet ist, beschreibt das Gedicht *Böser Morgen*, ebenfalls aus den *Buckower Elegien*, wo die Silperpappel, „eine ortsbekannte Schönheit / Heut eine alte Vettel" ist, weil nicht der Dichter zeigt, sondern auf ihn gezeigt wird: Er hat in den Augen von Lesern versagt. „See, Silberpappel und Blumen werden fremd und hässlich. So erscheinen sie in dem Gedicht ‚Böser Morgen', das die Konsequenz der ‚Verfremdung', gleichsam die Kehrseite des schönen Blumengartens, vorführt."[206]

Das Gedicht *Der Blumengarten* strahlt Ruhe aus und beschreibt eine dauernde Schönheit – „vom März bis zum Oktober" –; beides entsteht aus dem planvollen und verständigen Umgang des Menschen mit der Natur und einem so entstandenem schönen, aber auch sicheren und für Fremde unzugänglichen Raum. Planmäßigkeit hat den Garten bestimmt und so vollkommen werden lassen:

205 Christiane Bohnert: *Brecht. Rhetorische Gedichte im Spannungsfeld der Geschichte*. In: Brecht-Journal 2. Hrsg. von Jan Knopf. Frankfurt a. M.: Suhrkamp, 1986 (edition suhrkamp, Bd. 1396), S. 145
206 Wulf Segebrecht: *Die Annehmlichkeit der Blumen*. In: Reich-Ranicki, Der Mond über Soho, S. 225

Er ist beschützt, weise angelegt und blüht geplant „mit monatlichen Blumen". Es geht wohl einmal um
„das Motiv der Freundlichkeit in einem

sehr persönlichen, fast privaten Ton"[207], aber der gesellschaftliche
Akzent ist sichtlich größer. Die Natur hat in diesem anderen Leben nach 1945 nicht nur ihren Platz wieder erhalten, sondern sie
charakterisiert das menschliche Leben durch ihre Schönheit und
das nicht mehr auf den Augenblick konzentrierte Erlebnis. Der
Ton des Gedichts ist scheinbar ein privat-persönlicher, er entspricht aber der Lebenssituation Brechts in diesem Lebensabschnitt: Es ist ein Mensch, der die Hauptaufgaben seines Lebens
verwirklichen kann, der geliebt wird und der seine dramatur-
gischen Konzeptionen vollständig umsetzen kann. Der Zynismus
der Frühzeit ist ebenso verschwunden wie die didaktische Belehrung der politischen Dichtung. Sie schimmert nur noch in der
Reinheit der Situation durch: In einer klaren nördlichen Landschaft (Tann, Silberpappel) beschreibt ein denkender Mensch seinen Anspruch; er möchte Angenehmes zeigen. Dazu hat er sich
ein schönes, aber auch sicheres Umfeld geschaffen. Es ist kein
reines Naturgedicht, sondern ein Gleichnis. Die Natur hat ihre
Bedeutung als Metapher für Erfüllung und Schönheit zurückge-
wonnen, die Brecht in der „finsteren" Zeit bis 1945 verdrängt und
aufgegeben hatte. Die Natur und der Denker entsprechen einander. Das Gedicht gründet sich auf Begriffe, die für Brechts Denken zentrale Bedeutung haben: „weise", „blüht", „Wettern" (im
Sinne von Gewitter), „dies oder jenes Angenehme zeigen". Sie
durchziehen Brechts Dichtung und haben nun eine Stufe erreicht,
von der aus Neubestimmung notwendig ist. Im Blumengarten ist
Weisheit Wirklichkeit geworden und kann als Ausgangspunkt für
andere Entwürfe dienen. Wie neu dieser Gedanke ist, wird deutlich, wenn man die Verwendung von „weise" im Gedicht *An die*

207 Mittenzwei, Bd. 2, S. 538

Nachgeborenen damit vergleicht: In „finsteren Zeiten" kann der Mensch nicht weise sein, weil es seinen Widerstand verhindern würde.

Die Versrhythmen sind, wenn sie skandiert werden, fast reine jambische Fünfheber (Ausnahme: 3. Vers mit sechs Hebungen). Dieses Grundmaß, auch als Endecasilla-

Endecasillabo

bo (Elfsilber) bezeichnet, ist aus Dantes *Göttlicher Komödie* bekannt und bildet dort Terzinen. Das Gedicht bekommt einen erzählenden Charakter. Die Verse werden bei Brecht an einigen Stellen aufgerauht, um den Rhythmus nicht geglättet klingen zu lassen. So lassen sich „tief" und „hier" nicht zwingend als Senkung lesen. Betont man diese Wörter, werden die Jamben zu Daktylen, die noch stärker auf Episches deuten. Auch die Versenden wechseln zwischen häufigem weiblichem und dreimaligem männlichem Schluss: Letztere stehen in der Gedichtmitte („blüht", „ich", „allezeit") und betonen den Ruhezustand des lyrischen Subjekts („sitz ich").

Es gibt ein Parallelgedicht aus der gleichen Zeit: *Eines nicht wie das andere* (1950, BFA 15, 219). Das Gedicht entstand mit den *Kinderliedern*. Die Situation ist ähnlich: „Grün sind die Sträucher / Im Ostergarten / Indes die Pappeln / Am Wasser noch warten." Es tauchen die Attribute des Frühlings auf, nicht aber die trivialen Symbole des Osterfestes („Hase", „Ei"). Es geht nicht um das Fest, sondern um das Erwachen der Natur. Damit werden die Menschen verglichen und in ihrem Verhalten erklärt. Die Adressaten sind andere: Statt an die Denker und Ästhetiker wendet sich das Gedicht an die Kinder, die in einer alltäglichen Situation den Aufgaben entsprechend ihren Fähigkeiten nachgehen sollen. Nebenbei wird das Rollenverständnis attackiert, das gemeinhin Frauen an Küchenarbeit bindet. Hier sind es Bruder und Schwester. Dass es bei ihnen unterschiedliche Geschwindigkeiten gibt, ist keine Wertung, sondern Realität: Wolken sind nicht gleich Wolken, Kin-

der nicht gleich Kinder. Die Überschrift hatte es vorgegeben. Mit
einer variantenreichen Metrik gelingt es,
die angestrebte Ordnung als eine natür-

Metrik

liche zu gestalten; die viermalige Verwendung des Wortes „noch"
macht das Außerordentliche deutlich. Zweimal signalisiert es ein
überschaubares Zeitmaß („sitzt noch", ißt noch) als wiederkeh-
renden Vorgang, die beiden anderen Verwendungen weisen auf
Vergänglichkeit und Wiederkehr des Augenblicks („noch warten",
„noch verweilen").

Beide Gedichte – *Der Blumengarten* und *Eines nicht wie das andere*
– verstehen menschliches Schaffen als
eine Einheit von Schönheit und Sinn.

Einheit von Schönheit und Sinn

„Die Natur wird nicht einfach beschrieben, sondern in ihrem
Gebaren wird von Anfang an ein tieferer Sinn gesehen, der zur
Anschauung gebracht werden soll. Die Natur erscheint beispiel-
gebend, und ist dennoch mehr als ein Vehikel der Unterweisung.
Denn sie soll auch ästhetisch rezipiert werden."[208] In den späten
Gedichten Brechts ist die Landschaft eine wesentliche Vorausset-
zung für Schönheit, aber auch für den Sinn des Lebens.

Das Gedicht hat Ähnlichkeiten mit dem Gedicht *Von einer neuen
Versart* von Johannes R. Becher, der einen ähnlichen Lebenslauf
wie Brecht hatte, sich nach 1945 aber entschiedener der Kulturpo-
litik als der Literatur widmete; er wurde 1954 der erste Minister
für Kultur der DDR: In beiden Gedichten geht es um Form und
Inhalt der neuen Lyrik. Bechers Gedicht, in mehreren Fassungen
bekannt, stammt aus der Sammlung *Schritt der Jahrhundertmitte*
(1958). Das in sieben Abschnitte gegliederte freirhythmische Gedicht beginnt jeden Abschnitt mit Versen, die Brecht'schen Versen
ähnlich sind: „Geprüft in der Frühe, / Beim ersten Tageslicht be-
sehn ...". Becher und Brecht sahen sich vor den gleichen Aufgaben,

---

208 Klaus Schumann: *Themen und Formenwandel in der späten Lyrik Brechts*. In: Weimarer Beiträge, Brecht-Sonderheft/1968, S. 43. Der Aufsatz ist nicht identisch mit Schumanns *Themen
und Formen des lyrischen Spätwerks*. In: Schumann, Untersuchungen zur Lyrik Brechts

schlugen aber unterschiedliche Wege ein. Dennoch reflektierten sie ihre Werke gegenseitig und traten öffentlich füreinander ein. Brecht schrieb zum Beispiel in einem Brief an Junge Pioniere, wie man Gedichte lesen müsse und benutzte als Demonstrationsobjekt ein Gedicht Bechers.[209] Bechers theoretisches Hauptwerk *Verteidigung der Poesie* bedeutete Brecht Genuss, wie er 1952 an Becher schrieb.[210] Zu Konkurrenten wurden sie bei der Nationalhymne für die DDR; Becher setzte sich durch. Brechts *Kinderhymne* bot eine Korrektur der Hymne Bechers *Auferstanden aus Ruinen* an: Während Becher in einem neuen Selbstbewusstsein dichtete („Reicht den Völkern eure Hand."), sah Brecht den Vorgang umgekehrt bescheidener: Die Völker „ihre Hände reichen / Uns wie anderen Völkern hin" (siehe S. 130 f. der vorliegenden Erläuterung).
Der Blumengarten und *Von einer neuen Versart* gehen von einem erreichten Zustand aus, der mit der Metapher des Tagesanbruchs umschrieben wird („in der Früh(e)"). Daraus folgen Überlegungen zur Dichtungstheorie. Beiden Dichtern war eine neue Übersichtlichkeit und Ordnung Merkmal des Erreichten, wofür Brecht Blumen einsetzte, Becher durch die siebenteilige Gliederung – der mythische Charakter der Sieben in Wochentagen und Ritualen ist zu bedenken – Vollkommenheit andeutete. Brecht bewunderte den weise angelegten Garten „mit monatlichen Blumen", die Natur hatte durch den Menschen eine Ordnung bekommen. Becher wurde noch sachlicher: „Der Mensch kommt in Ordnung. // Davon berichtet die neue Versart." Für beide Dichter ist das „bewährte Alte" bewahrenswert und Voraussetzung für das Neue. Brecht sah das bewährte Alte im geschützten Garten, Becher formulierte es wiederum direkt: „... das Neue bedarf des bewährten Alten." Beide Dichter sehen eine Tendenz zum Erzählen und Berichten: Brecht benutzt den für Epen wie Dantes

Tendenz zum Erzählen und Berichten

209 Bertolt Brecht: *Wie man Gedichte lesen muss*. In: Ders., Über Lyrik, S. 157 ff.
210 Brecht, *Briefe*, Bd. 1, S. 646

Göttliche Komödie oft genutzten Endecasillabo, Becher schrieb: „Die neue Versart unterscheidet sich / Von der Prosa nur ein wenig."[211] Beide Dichter sehen die neue Dichtung erst entstehen; sie möchten dabei sein. Becher weiß um die Unvollkommenheit des neu Entstandenen, womit nicht nur Poetisches, sondern auch Gesellschaftliches gemeint ist. Brecht „wünsch(t)" sich, er möge „dies oder jenes Angenehme zeigen", erfüllt ist der Wunsch noch nicht. Im Gegensatz zur Natur möchte Brecht nicht zeitlich begrenzt wirken, sondern „allezeit". Hindernd hat sich, wie die *Buckower Elegien* zeigen, auch nicht bewährtes Altes ins Neue geschoben, die alten Faschisten (*Der Einarmige im Gehölz*) und die Dummheit des Kalbes, dass „zu jeder schmeichelnden Hand, auch / Der Hand seines Metzgers" (*Lebensmittel zum Zweck*) drängt, wenn es von dort etwas erwartet.

---

211 Johannes R. Becher: *Von einer neuen Versart.* In: Ders.: Gesammelte Werke. Bd. 8 (Gedichte 1949–1958), Berlin, Weimar: Aufbau-Verlag, 1973, S. 309

Der Rauch

> Das kleine Haus unter Bäumen am See
> Vom Dach steigt Rauch
> Fehlte er
> Wie trostlos dann wären
> 5 Haus, Bäume und See.

Das Gedicht gehört ebenfalls zu den *Buckower Elegien*. Für Thomas Metscher ist das Gedicht eines der sinnfälligsten und beeindruckendsten Beispiele für die Umsetzung der ästhetischen

Grundkategorie des Einfachen

Grundkategorie des Einfachen. Es lässt sich „an Einfachheit der Konstruktion kaum überbieten"[212]. Der Rauch bezieht sich auf ein Haus an einem kleinen See in der Nähe des Schermützelsees, das Brecht seiner Geliebten Käthe Reichel zugedacht hatte (BFA 12, 448). Noch 1953 wurde *Der Rauch,* zusammen mit fünf weiteren Gedichten aus der Sammlung, zuerst in der Zeitschrift *Sinn und Form* veröffentlicht.

Das Gedicht beschreibt einen Vorgang, der vor einem Vierteljahrhundert selbstverständlich und ein Hinweis darauf war, dass ein Haus, ein Ort oder eine Region bewohnbar und bewohnt war. Der Vorgang hat in Zeiten von Fernwärme, des Kochens und Heizens mit Elektroenergie und den kaum noch rauchenden Schornsteinen der Ölheizungen viel vom historischen Kontext verloren. Das Gedicht Brechts, einstmals als eines der menschlichsten verstanden, ist zum historischen Dokument dafür geworden, wie Rauch, der oft genug auf Vernichtung und Zerstörung weist, „die Landschaft menschlich"[213] machen kann. Die Schriftstellerin Gabriele Wohmann erinnerte sich anlässlich des Gedichtes ihrer

---

212 Thomas Metscher: *Brecht und die hohe Kunst des Einfachen.* In: Marxistische Blätter, Heft 1/2007, S. 12
213 Schumacher, S. 342

Kinderzeichnungen: „Auch bei mir hat nie der Rauch aus dem Schornstein gefehlt."[214]

Die Intensität der Arbeit und die künstlerische Qualität der Dichtungen hatten nochmals einen Höhepunkt erreicht. Den *Buckower Elegien* gehörten Gedichte wie *Der Blumengarten, Der Radwechsel, Tannen* und *Bei der Lektüre eines spätgriechischen Dichters* an. Hannah Arendts Irrtum zu Brechts Gesellschaftsverständnis setzte sich hier in ihrer Bewertung von Brechts Spätwerk fort: „... mit den wenigen, posthum veröffentlichten Gedichten aus den letzten Jahren, einschließlich der Miniaturen aus den ‚Buckower Elegien', (sei) nicht viel Staat zu machen"[215]. Und sie ergänzte, „kein einziges neues Stück, kein einziges großes Gedicht"[216] sei mehr nach 1945 entstanden. Es wird an diesem Beispiel deutlich, dass auch herausragende Denker Fehleinschätzungen treffen (vgl. S. 108 der vorliegenden Erläuterung), die fortlaufend andere Irrtümer produzieren.

Die *Buckower Elegien* entstanden im zeitlichen Umfeld des 17. Juni 1953 und reagierten auf die Ereignisse, ohne dass diese – mit Ausnahme des auf ein tatsächliches Ereignis zurückgehenden satirischen Gedichtes *Die Lösung* – direkt aufgenommen wurden. In sein Arbeitsjournal schrieb Brecht jedoch deutlich: „buckow. TURANDOT. daneben die BUCKOWER ELEGIEN. der 17. juni hat die ganze existenz verfremdet."[217] Bereits im Titel darf eine Reaktion auf die Ereignisse angenommen werden. Dass Orte von Brecht aufgenommen wurden, war nicht neu, denkt man an die *Svendborger Gedichte.* Neu war die Genrebezeichnung „Elegie", die einen klagenden und trauernden Grundton assoziierte. Brechts damalige Stimmung war von Enttäuschung über ungenügenden Fort-

> Enttäuschung über ungenügenden Fortschritt

---

214 Gabriele Wohmann: *Trost.* In: Reich-Ranicki, Der Mond über Soho, S. 228
215 Hannah Arendt: *Walter Benjamin. Bertolt Brecht.* Zwei Essays. München: Fiper, 1971, S. 69
216 Ebd., S. 73
217 Brecht, *Arbeitsjournal*, S. 515 (Eintragung vom 20. 8. 1953)

schritt gekennzeichnet und wurde durch zu geringe gesellschaftliche Bewusstheit der Arbeiter – wie er meinte – beeinflusst. Schließlich erinnerten die *Buckower Elegien* an einen Titel von weltliterarischer Bedeutung, adaptierten ihn und lösten ihn auf: Statt der Weltmetropole Rom die kleine Stadt in der Märkischen Schweiz am Schermützelsee, statt der großen natürlichen Liebe zwischen der Römerin und dem deutschen Dichter das gesellschaftliche Leben und die bildenden Traditionen, statt der Distichen die freien Rhythmen, statt Goethes *Römischen Elegien* Brechts *Buckower Elegien*. Statt von der Liebe ist von Bedrohungen die Rede, statt von erotischen Gefühlen ist viel vom Lesen, Schreiben und Reden zu finden, statt von Brechts bisheriger Existenz wurde nun von einer verfremdeten gesprochen. Die Veränderungen, die Brecht an der elegischen Form vornahm, erklärt sich aus diesem Gegensatz.

17. Juni 1953

Brecht sah im 17. Juni 1953 – an dem Tag schlugen in der DDR Demonstrationen von Bauarbeitern gegen höhere Normen in einen Aufstand um – den Zusammenfall von Fehlern, den die Regierung der DDR im Umgang mit Arbeitern und Arbeitsprozessen gemacht hatte, und noch vorhandenem faschistischen Denken, das von „Gestalten der Nazizeit" eingebracht worden sei, die von „deklassierten Jugendlichen" (Brief Brechts an Peter Suhrkamp, 1. Juli 1953; BFA 12, 444) aus dem Westen unterstützt worden wären. Deshalb stand er an der Seite der Regierung, schrieb einen zustimmenden Brief an Walter Ulbricht und fand auch das Eingreifen sowjetischer Panzer richtig, um einen neuen Weltkrieg zu verhindern. Noch in den demonstrierenden Arbeitern sah er „die aufsteigende klasse ... nicht die kleinbürger handeln, sondern die arbeiter": „ihre losungen sind verworren und kraftlos, eingeschleust durch den klassenfeind, und es zeigt sich keinerlei kraft der organisation, es entstehen keine räte, es formt sich kein plan. und doch

2.3 Interpretationen: Der Rauch

hatten wir hier die klasse vor uns, in ihrem depraviertesten [schlechtesten, R. B.] zustand, aber die klasse."[218] Die Notiz schrieb Brecht in Buckow, wo er ein Sommerhaus bewohnte; dort entstanden zur gleichen Zeit die *Buckower Elegien*, die neben dem Stück *Turandot* in der gleichen Eintragung genannt werden. Zu ihnen gehörten die erst spät, auf Anregung des Germanisten Joachim Müller[219] gedruckten Gedichte *Die neue Mundart* und *Lebensmittel zum Zweck*. In diesen Gedichten kritisierte Brecht Mangelerscheinungen und Machtmissbrauch in der DDR, denn er wollte sich mit seiner kritischen Methode am Aufbau beteiligen. Er bestand darauf, und das machte ihn bei einigen Mächtigen nicht beliebt, „seine Verbundenheit mit den gesellschaftlichen Kräften ... auch durch Kritik unter Beweis zu stellen."[220]

Das Gedicht besteht aus einer Landschaftsbeschreibung in zwei Versen und

Landschaftsbeschreibung

einem sich daran anschließenden Kommentar, der drei Verse umfasst. Es wirkt spröde und lakonisch, fast wie aus asiatischen Dichtungtraditionen (Haiku u. Ä.) kommend. Dass es sich um ein Gedicht handelt, wird zuerst durch die Druckform deutlich; „der nicht ausgefüllte Satzspiegel markiert Besonderheit"[221]. Brecht waren solche visuellen Informationen über einen künstlerischen Text an den Leser wichtig, wie bereits am Beispiel

---

218 Brecht, *Arbeitsjournal*, S. 515
219 Ulrich Kaufmann: „... *das wäre die rechte Brechtfeier unter so vielen ... Lobpreisungen*". In: Günther Schmidt und Ulrich Kaufmann (Hrsg.): Ritt über den Bodensee. Studien und Dokumente zum Werk des Jenaer Germanisten Joachim Müller (1906–1986). Jena: Dr. Bussert & Stadeler, 2006, S. 63
220 Gerhard Seidel: *Vom Kaderwelsch und vom Schmalz der Söhne McCarthys*. In: Sinn und Form, Heft 5/1980, S. 1089
221 Manfred Naumann, Dieter Schlenstedt u. a.: *Gesellschaft Literatur Lesen*. Literaturrezeption in theoretischer Sicht. Berlin, Weimar: Aufbau-Verlag, 1973. Im Zusammenhang mit einer Rezeptionsvorgabe, dem Leserbewusstsein und daraus entstehenden Leistungen wird die gründlichste Interpretation des Gedichtes geboten (S. 355–380). Rezeptionsvorgabe ist das Werk, „erfassbare Elemente und Strukturen werden auf ihre Potenz hin befragt, die Aktivität des Aufnehmenden anzuregen, um im Zusammenhang mit dem Leserbewusstsein, auf das sie treffen, Leistungen hervorzubringen." (S. 354)

der *Hauspostille* erwähnt wurde (siehe S. 40 ff. der vorliegenden Erläuterung). Das wichtigste Wort für das Verständnis, damit der Drehpunkt des Gedichtes, ist die Überschrift; sie erschließt das Gedicht und bringt einen breiten assoziativen Raum ein: „Rauch" ist ein variables Kommunikationsmittel, mit ihm kann man Signale senden. Die fünf Verse drehen sich um die Achse des 3. Verses, der einen Unterschied zwischen erstem und zweitem Verspaar nennt und gleichzeitig den Titel reflektiert („er"). Das erste Verspaar beschreibt eine Landschaft mit Rauch, das zweite eine ohne, die durch die Negation des 3. Verses aus der ersten Landschaft entstanden ist: „Es fehlt nicht nur der Rauch, sondern auch das einen idyllischen Nebenakzent setzende ‚kleine' Haus."[222]

Reim und einen festen Rhythmus hat das Gedicht auf den ersten Blick nicht; bei genauem Hinsehen und Skandieren – Brechts Gedichte verlangen geradezu nach dem lauten Sprechen oder Singen, deshalb wurden so viele seiner Gedichte vertont – sind

Jambus

Tendenzen zum Jambus („Das kleine Haus"), der in einen Anapäst („unter Bäumen am See") übergeht, erkennbar, am deutlichsten im ersten und im letzten Vers, wobei im letzten Vers die unbetonte Silbe des Jambus fehlt (x x́ - x Háus). Die Grenze zwischen beiden Metren

Anapäst

ist ein erkennbarer Einschnitt nach „Haus". Der Anapäst erscheint als „zurückschlagender" oder umgedrehter Daktylus; er drängt auf Feierliches und Endgültiges, während der Jambus Bewegung assoziiert. Dass solche metrischen Verbindungen Absicht waren, machte Brecht zur gleichen Zeit an einer Beobachtung in *Das Sprechen der Klopstockschen Verse* deutlich: „Sie [die Versart Jambus, R. B.] benötigt aber für ihren Takt den Gegendruck, Vorgang und Stimmung müssen sich innerhalb des gegebenen Gefüges durchsetzen."[223]

---

222 Ebd., S. 361
223 Brecht, *Über Lyrik*, S. 162

Eine variierte Epipher (Wiederholung einer Wortgruppe) verbindet den ersten mit dem letzten Vers: „Bäume am See" gegenüber „Bäume und See". Wurden im ersten Vers noch die Einzelteile der Landschaft isoliert nebeneinander gesehen, so werden sie durch den Rauch nun zu einer Einheit zusammengefasst. Dass Brecht bewusst mit metrischen Mitteln arbeitete, hat er mehrfach mitgeteilt. Vorbilder waren für ihn, wie er um 1950 sagte, die Lehrgedichte der Römer, die *Bucolica* (Hirtenlieder) und *Georgica* (Landbau) des Vergil und *Von der Natur der Dinge* des Lukrez. Antike Versmaße zwangen „die deutsche Sprache zu den fruchtbarsten Anstrengungen"[224]. Szenen des *Landbaus* korrespondieren mit Brechts Gedicht: Holz und Rauch sind Zeichen menschlichen Lebens, „Gestapeltes Kernholz und ganze / Ulmen wälzen zum Herde sie an und nähren das Feuer"[225].

Der erste Vers besteht aus einem statuarischen Bild eines Hauses in einer Landschaft. Durch den Titel der Sammlung *Buckower Elegien* ist die Landschaft bestimmt; Auswirkungen hat das zuerst für denjenigen, der die Landschaft kennt. Alle anderen müssen sich mit Assoziationen abfinden, die sich bei der Namensnennung einstellen: Buckow, das klingt nach Mark Brandenburg, nach Gestalten Theodor Fontanes und nach altem slawischem Siedlungsgebiet; mit Buckow assoziiert man Abgeschiedenheit und Ruhe. Fontane beschrieb Namen und Ort so: „… Bei bloßer Nennung des Namens steigen freundliche Landschaftsbilder auf: Berg und See, Tannenabhänge und Laubholzschluchten, Quellen, die über Kiesel plätschern, und Birken, die, vom Winde halb entwurzelt, ihre langen Zweige bis in den Waldbach niedertauchen."[226] In Fontanes Roman *Der Stechlin* nehmen am Begräbnis Dubslavs von Stechlin unter anderem die Herren von Gnewkow und von

---

224 Brecht, *Über Lyrik*, S. 23
225 Vergil: *Landleben*. Catalepton, Bucolica, Georgica. Hrsg. von Johannes und Maria Götte. München, Zürich: Artemis Verlag, 5. Auflage 1987, S. 167
226 Theodor Fontane: *Wanderungen durch die Mark Brandenburg*. 2. Teil: Das Oderland. Berlin, Weimar: Aufbau-Verlag, 1976, S. 109

Molchow teil. Die Endung „-ow" wurde wie die Endungen „-in" und „-itz" aus slawischen Ortsnamen herausgelöst und ans Deutsche assimiliert.[227]

Der Aspekt der Bewegung wird durch zwei Dinge evoziert: zum einen durch „Rauch", zum anderen durch das Verb „steigt". Dadurch wird auch ein Beobachter erkennbar, der im ersten Vers nur die Bildbeschreibung gab. Die Bewegung, die in das Bild kommt, setzt eine andere Bewegung um, die einen Menschen ahnen lässt: Jemand hat Feuer gemacht. „Rauch" hat eine eindeutig lebensbegründete Funktion in dem Gedicht.

> ... mit dem Feuer, auf das die Metapher des Rauchs verweist, dürfte die Feuergabe des Prometheus zu verbinden sein, mit der nach alter Auffassung die Menschwerdung des Menschen beginnt: Erst mit der Kontrolle über das Feuer erringt der Mensch Herrschaft über eine Natur, die ihm übermächtig und furchteinflößend entgegentritt. Diese Herrschaft ist zugleich die Bedingung, dass sich der Mensch in dieser häuslich einzurichten vermag.[228]

Das war bei Brecht nicht immer so; „Rauch" verband sich auch, ausgehend von den aktuellen Ereignissen, mit Qualen, Krieg und Vernichtung. Im Gedicht *Prometheus* (1920) kündigte sich der Geier des Zeus, der täglich die Leber des Prometheus fraß, an: „In Rauch verhüllt der Himmel sein Gesicht." (BFA 13, 168) Im Gedicht *Das Lied vom Rauch* (1941), geschrieben im Exil, war Rauch ein Zeichen der Vergänglichkeit. Brecht schrieb das Gedicht, gemeinsam mit Margarete Steffin, am 26. Januar 1941. Es war zuerst für das Stück *Der gute Mensch von Sezuan* gedacht. Das Gedicht ging zurück auf ein Gedicht von 1920: *In den frühen Tagen meiner*

---

227 Vgl. Wolfgang Fleischer: *Wortbildung der deutschen Gegenwartssprache.* Leipzig: Bibliographisches Institut, 1974, S. 202
228 Thomas Metscher: *Brecht und die hohe Kunst des Einfachen.* In: Marxistische Blätter, Heft 1/2007, S. 13

Kindheit. Es ist ein Gedicht über Dauer und Vergänglichkeit der menschlichen Taten („Sollen wir den roten Mohn nicht pflücken / Weil er abends hinwelkt in den Händen?", BFA 13, 191). Die Strophen schließen mit dem Refrain: „Darum sagt ich: laß es! / Rauch den schwarzen Rauch / Der in kältere Himmel geht. Ach, sieh ihm / Nach: so gehst du auch." Diesen Refrain nahm Brecht nur leicht variiert in sein *Lied vom Rauch* auf. In ihm beschreibt er ein Leben, das den Ansprüchen gerecht zu werden versuchte, aber wegen der sozialen Bedingungen immer zum Scheitern verurteilt war. Klugheit, Redlichkeit, Fleiß und Hoffnung wurden vergeblich zur Gestaltung des Lebens eingesetzt; selbst Versuche mit „dem krummen Pfad" führten „unsereinen nur nach unten" (BFA 15, 37). Zum Zeichen des sinnlosen Lebens wird der Rauch. Im Gedicht *Der Rauch* ist es völlig anders: „Erst der Rauch verwandelt die Genre-Idylle zum Schauplatz, der Schnappschuss ist nur mehr ein Standbild aus einem Spielfilm. Fast egal, wer da drin Feuer macht: Selbst unfriedfertige Bewohner sind dem, der über Menschen schreibt, lieber als gar keine Bewohner."[229] Aber auch das war nicht neu. Der Rauch als Zeichen des bewohnten Hauses und auch eines Daheimseins samt Sicherheit, ja von Liebe kündend, war in fast den gleichen Worten im Gedicht *Heimkehr des Odysseus* (um 1936) beschrieben worden: „Dies ist das Dach. Die erste Sorge weicht. / Denn aus dem Haus steigt Rauch, es ist bewohnt. / Sie dachten auf dem Schiffe schon: vielleicht / Ist unverändert hier nur mehr der Mond." (BFA 14, 339) Als er selbst nach Europa zurückkam, war es anders: Er suchte seine Vaterstadt und fand sie „Wo die ungeheueren / Gebirge von Rauch stehn. / Das in den Feuern dort / Ist sie." (*Die Rückkehr*, 1943; BFA 12, 125)

In *Der Rauch* wird durch die Negation Brechts Erkenntnis ahnbar, dass das menschliche Leben zeitlich begrenzt ist und deshalb intensiv gelebt werden muss, will man noch das Neue erfah-

---

229 Gabriele Wohmann: *Trost.* In: Reich-Ranicki, Der Mond über Soho, S. 229

ren; „die Menschen erscheinen ihm von der neuen Zeit kaum erreicht"[230]. Enttäuscht kommentiert er zeitgenössische Erlebnisse, die er anders erwartet hatte, in der Elegie *Heißer Tag*: „Wie in alten Zeiten!" (BFA 12, 308) und sieht in seinem Gedicht *Gewohnheiten, noch immer*: „Der preußische Adler / Den Jungen hackt er / Das Futter in die Mäulchen." (BFA 12, 307) Hoffnung und Vertrauen leitet er aus Natur und Natürlichkeit ab: Nur den Häusern, aus deren Schornsteinen Rauch kommt, sollte die Aufmerksamkeit gehören; die anderen seien „trostlos" und so für den suchenden Menschen unwichtig.

Für den Büchner-Preisträger Volker Braun wurde das Gedicht, das er in seinem Essay *Politik und Poesie* (1971) zitiert, zu einem Beispiel für neue Lyrik, die nicht mehr das Verstummen artikuliert – „ein Verstummen natürlich, das sich selber pausenlos ausspricht, und zur Sprache bringt" –, sondern ein neues Sprechen gelernt habe:

> *Mit diesem Bewusstsein wird sozialistische Poesie machbar. Vorausgesetzt, man begreift sie als etwas Ganzes, das als Ganzes geschaffen werden muss, und missversteht nicht Inhalt und Form, die Abstraktionen sind: und will nicht mit bürgerlichen Prägwerken unsere Materialien formen … Wir sind immer neu gefordert als denkende, unbestechliche, verändernde Leute. Die dauernde Bemühung miteinander ist unsere poetische Welt. Das gilt es zu lernen, also das meiste.*[231]

Das Gedicht gehört zu den beliebten Schultexten und hat dort zahlreiche Interpretationen erfahren.[232]

---

230 Schumacher, S. 341
231 Volker Braun: *Politik und Poesie*. In: Ders.: Texte in zeitlicher Folge. Bd. 4. Halle, Leipzig: Mitteldeutscher Verlag, 1990, S. 256
232 Vgl. Rüdiger Bernhardt: *Kommentarband*. Brücken. Mitteldeutsches Lesebuch. 3. Schuljahr. Bühl: Konkordia, 1994, S. 18 ff.

Der Radwechsel

Ich sitze am Straßenhang.
Der Fahrer wechselt das Rad.
Ich bin nicht gern, wo ich herkomme.
Ich bin nicht gern, wo ich hinfahre.
5 Warum sehe ich den Radwechsel
Mit Ungeduld?

Das Gedicht gehört ebenfalls zu den 1953 entstandenen *Buckower Elegien*. Es wurde 1957 erstmals in der Zeitschrift *Sinn und Form* (Heft 9) gedruckt. In einer späteren erweiterten Zusammenstellung der Elegien eröffnete dieses Gedicht den Zyklus und stand unmittelbar nach dem Motto.[233] Im Umkreis des Gedichts findet sich ein Horaz-Gedicht, in Buckow widmete sich Brecht ausgiebig der Lektüre Horaz, die Brecht lebenslang begleitete: „haus und umgebung in buckow ist ordentlich genug, daß ich wieder etwas HORAZ lesen kann."[234] Die beiden Gedichte *Der Radwechsel* und *Beim Lesen des Horaz* haben Ähnlichkeiten miteinander. Sie sind kurz und haben jeweils sechs Verse. In beiden Gedichten geht es um Bewegung, um „Ungeduld" im *Rad-wechsel* und um Dauer im *Horaz*-Gedicht. Es sind zusammengehörige Größen: Im *Radwechsel* wird die Zeit für das Individuum thematisiert, im *Horaz*-Gedicht die Zeit der Geschichte. Ruhe und Bewegung, Dauer und Augenblick, Geschichte und Individuum sind konstituierende Größen für Brechts Weltbild. Seine Freunde erkannten diese als prägende Eigenschaft. Lion Feuchtwanger beschrieb diese Konstituenten: „Er war überzeugt, dass jedes lebendige Werk aus eigener Kraft wächst und

Ungeduld

Dauer

---

233 Bertolt Brecht: *Gedichte.* Bd. VIII. Berlin, Weimar: Aufbau-Verlag, 1969, S. 7; BFA, Bd. 12, S. 310
234 Brecht, *Arbeitsjournal*, S. 505

weiterarbeitet, dass es sich ändert mit jedem Hörer und Leser, den es erreicht. Seine Dichtungen sind aufgebaut auf dieser Voraussetzung, so dass erst die Zukunft die ganze Breite und Fülle seines Werkes schaubar machen wird. Brecht hielt alles, was er geschaffen hatte, für ein Vorläufiges, im Entstehen Begriffenes."[235]
Der Radwechsel war des bedeutenden Lyrikers Karl Mickel „liebstes Brecht-Gedicht"[236].

Das Gedicht füllt seine ersten vier Verse mit vier einfachen Sätzen, wobei es zwischen dem 3. und 4. eine stilistische Beziehung gibt: Sie stellen eine variierte Epipher dar. Sie unterscheiden sich nur durch zwei Vorsilben („her", „hin") und die Verben kommen und fahren. Die Situation ist eindeutig: Das lyrische Subjekt ist auf einer Dienstreise – sonst wäre die Bezeichnung „Fahrer" sinnlos –, als das Auto – es wird zwar nicht genannt, ist aber aus „Fahrer" und „Rad" zu erschließen – eine Reifenpanne hat. Anstatt die Pause zur Erholung zu nutzen, ist das lyrische Subjekt ungeduldig, obwohl es nicht gern ist, wo es hinfährt. Das hat weniger mit Abneigung – jugendliche Interpreten meinen, Brecht gäbe den Rat, nicht durchs Leben zu hetzen und sich nicht dem Alltag hinzugeben[237] – als vielmehr mit unermüdlicher Bewegungslust zu tun: Ungeduld ist bei Brecht eindeutig positiv konnotiert. Von hier aus wird die Vielschichtigkeit des Gedichts erschließbar. Verständlich wird auch sein elegischer Charakter: „Da das lyrische Ich sich in Bewegung, in den Prozess ‚hinein' wünscht, erhalten die ruhende Beobachtung und die Situation der Beobachtung etwas beunruhigend Negatives."[238] Das alles ist gegenwärtig. Vielfältige Polaritäten

Vielschichtigkeit des Gedichts

---

235 Lion Feuchtwanger: *Bertolt Brecht*. In: Ders.: Ein Lesebuch für unsere Zeit. Hrsg. von Walther Victor, Redaktion Elisabeth Hauptmann, Benno Slupianek. Weimar: Volksverlag, 1958, S. 14, auch in: Sinn und Form. Zweites Sonderheft Bertolt Brecht/1957, S. 103

236 Karl Mickel: *Mein liebstes Brecht-Gedicht*. In: Neues Deutschland, 19. Januar 1998

237 Benjamin Harders: *Der Radwechsel*. (www.schoolwork.de/gedichte/brecht_radwechsel.php; Stand: 8. Mai 2008)

238 Jan Knopf: *Der Radwechsel*. In: Brecht-Journal. Hrsg. von Ders. Frankfurt a. M. : Suhrkamp, 1983 (edition suhrkamp, Neue Folge, Bd. 1191), S. 93

lassen sich auf die beiden Orte des Gedichts beziehen, von den großräumigen Geschichtsprozessen von Faschismus und Sozialismus bis zu unterschiedlichen Orten, an denen Menschen wohnen, die dem Dichter wichtig sind – seine Geliebten etwa –, aber das Gedicht bezieht sich nicht auf reale Orte, sondern auf den Widerspruch zwischen unaufhörlich notwendiger Veränderung als Voraussetzung für Entwicklung und der Kürze des menschlichen Lebens in diesem Prozess. Es bezieht sich auch auf Brechts Ansprüche als Dichter in der neuen Zeit: Er lebt in der Spannung zwischen dem Berliner Ensemble und der Stille Buckows; das aber ist nicht das Zentrum der Bewegung. Er möchte beide Orte integriert wissen in den gesellschaftlichen Gesamtprozess: das Theater in den gesellschaftlichen Aufbau des Landes, die Politik, und Buckow in die Auseinandersetzungen der geistigen Elite, in die Kunst- und Philosophiediskussionen. Beides ist in der DDR des Jahres 1953 nur bedingt möglich, deshalb entwickelt sich das Missgefühl und verstärkt sich die Ungeduld. Der 17. Juni mit seinen Aufständen und Demonstrationen hat Missgefühl und Ungeduld zusätzlich beeinflusst. So erklärt sich Brechts Eintragung in das Arbeitsjournal: „der 17. juni hat die ganze existenz verfremdet."[239] Das hat nichts zu tun mit Kritik an der Staatsführung, sondern beschreibt eine neue Situation: Die Annäherung zwischen Politik und Kunst ist weiter entfernt als ge-

> Annäherung zwischen Politik und Kunst

glaubt, der Dichter ist weniger bedeutungsvoll als angenommen; die Bemühungen müssen geändert und verstärkt werden.

Eine Interpretation geht davon aus, dass der 3. und 4. Vers kaum etwas anderes vorstelle als die Antwort auf die Frage, was „das Exil"[240] sei. Das Thema der *Buckower Elegien* war aber nicht das

---

239 Brecht, *Arbeitsjournal*, S. 515 (20. 8. 53)
240 Harald Weinrich: *Bertolt Brecht in Buckow oder: Das Kleinere ist das Größere*. In: Walter Hinck (Hrsg.): Gedichte und Interpretationen. Bd. 6 Gegenwart. Stuttgart: Reclam, 1992 (RUB, Bd. 7895), S. 31

Exil, sondern Brechts Gegenwart, die für ihn aufregend genug war. Die „Ungeduld", von der Brechts lyrisches Subjekt spricht, ist keine der Angst und Sorge, sondern eine der ständigen Bewegung und Veränderung. Solche Verse gab es in Brechts Werk um 1950 fortwährend; eine refrainartig wiederkehrende Strophe in dem Lehrgedicht *Tschaganak Bersijew oder Die Erziehung der Hirse* (1950) lautete: „So wie die Erde ist, / Muß die Erde nicht bleiben. / Sie anzutreiben, / Forscht, bis ihr wißt!" (BFA 15, 230) Das Gefühl des Unwohlseins entsprang nicht einem fremden Land, sondern der Bewegung als Ursprung jeder Verän-

Bewegung als Ursprung jeder Veränderung

derung. Ein Grundsatz Brechts war, dass es nichts Abgeschlossenes oder Stillstehendes im menschlichen Leben und in der Welt gibt. Da andererseits der Mensch sich nach Ruhepunkten sehnt – für Brecht wurde Buckow ein solcher –, entsteht eine produktive Unzufriedenheit zwischen der Sehnsucht nach Ruhe und Zufriedenheit einerseits und andererseits in der diese Sehnsucht nie befriedigende Unruhe und Bewegung. Das Rad ist ihr Sinnbild, das Warten das der Sehnsucht. Auch sein eigenes Werk verstand Brecht als Ausdruck ständiger Bewegung und als Alternative zu vorhandenen Texten – schon Brechts erstes Stück *Baal* war ein Gegenentwurf zu Hanns Johsts Schauspiel *Der Einsame*. Besonders als Regisseur widmete er sich daher fast nur Bearbeitungen; nicht zufällig nannte er seine Inszenierungen „Theaterarbeit", die sich in Widersprüchen vollzog, und veröffentlichte seine Werke als „Versuche", die immer auch neue und andere Ergebnisse zulassen. Er nannte seine Texte zudem „Vorschläge" für das Publikum. Das alles steckt in dem Begriff des „Radwechsels", der Bewegung ebenso assoziiert wie Stillstand.

Literatur

1) Ausgaben

Brecht, Bertolt: *Arbeitsjournal 1938–1955*. Hrsg. von Werner Hecht. Berlin, Weimar: Aufbau-Verlag, 1977

Brecht, Bertolt: *Briefe 1913–1956*. Hrsg. von Günter Glaeser. 2 Bde. Berlin, Weimar: Aufbau-Verlag, 1983

Brecht, Bertolt: *Gedichte*. Bd. 1–9. Berlin, Weimar: Aufbau-Verlag, 1961–69

Brecht, Bertolt: *Gedichte über die Liebe*. Hrsg. von Werner Hecht. Berlin, Weimar: Aufbau-Verlag, 1984

Brecht, Bertolt: *Stücke*. Bd. 1–14. Berlin, Weimar: Aufbau-Verlag, 1962–68

Brecht, Bertolt: *Tagebücher 1920–1922. Autobiographische Aufzeichnungen 1920–1954*. Hrsg. von Herta Ramthun. Berlin, Weimar: Aufbau-Verlag, 1976

Brecht, Bertolt: *Über Lyrik*. Hrsg. von Elisabeth Hauptmann und Rosemarie Hill. Berlin, Weimar: Aufbau-Verlag, 1964

Brecht, Bertolt: *Werke*. Große kommentierte Berliner und Frankfurter Ausgabe. Herausgegeben von Werner Hecht, Jan Knopf, Werner Mittenzwei, Klaus-Detlef Müller. Band 11–15; Gedichte Band 1–5. Berlin, Weimar: Aufbau-Verlag; Frankfurt a. M.: Suhrkamp 1988–1993
(Nach dieser Ausgabe werden die Texte zitiert: BFA Band und Seitenzahl)

2) Lernhilfen und Kommentare für Schüler

Knopf, Jan (Hrsg.): *Gedichte von Bertolt Brecht*. Interpretationen. Stuttgart: Reclam, 2006 (RUB, Bd. 8814)
(Stimmt mit der vorliegenden Auswahl in ‚Legende vom toten Soldaten' und ‚Erinnerung an die Marie A.' überein.)

Merkelbach, Valentin (Hrsg.): *Kontroverse Interpretationen Brechtscher Lyrik*. Frankfurt a. M.: Diesterweg, 1974 (Texte zur Ideologiekritik im Deutschunterricht)

3) Sekundärliteratur:

Benjamin, Walter: *Kommentare zu Gedichten von Brecht.* In: Ders.: Lesezeichen. Schriften zur deutschsprachigen Literatur. Leipzig: Philipp Reclam jun., 1970 (RUB, Bd. 476), auch in: Ders.: Schriften. Bd. 2. Frankfurt a. M.: Suhrkamp, 1955 (ohne den Text zu den *Studien,* der erstmals 1966 in Walter Benjamins *Versuche über Brecht.* Hrsg. von Rolf Tiedemann. Frankfurt a. M.: Suhrkamp (edition suhrkamp, Bd. 172), veröffentlicht wurde).

Eger, Christian: *Sonette aus dem Schaukelstuhl. Bertolt Brecht als Lyriker*. In: Mitteldeutsche Zeitung, 20. Dezember 1997

Fischer, Ernst: *„Das Einfache, das schwer zu machen ist".* Notizen zur Lyrik Bertolt Brechts. In: Hubert Witt (Hrsg.): Erinnerungen an Brecht. Leipzig: Philipp Reclam jun., 1964 (RUB, Bd. 117)

Fradkin, Ilja: *Bertolt Brecht*. Weg und Methode. Aus dem Russischen übertragen von Oskar Törne. Leipzig: Philipp Reclam jun., 1974 (RUB, Bd. 551)
(Eine sehr sachliche und die Werke in den zeitgeschichtlichen Prozess einordnende Biografie.)

Fuegi, John: *Brecht & Co*. Biographie. Autorisierte erweiterte und berichtigte deutsche Fassung von Sebastian Wohlfeil. Hamburg: Europäische Verlagsanstalt, 1997
(Die umstrittene Biografie entwirft nicht nur ein einseitig politisches, dazu diskriminierendes Bild von Brecht, arbeitet mit unbewiesenen Unterstellungen und unwürdigen Beschreibungen als Lügner, Betrüger und Ausbeuter, sondern weist auch faktografische Fehler auf und unterschätzt Brechts Werke ausnahmslos.)

Hartinger, Christel: *Bertolt Brecht – das Gedicht nach Krieg und Wiederkehr*. Studien zum lyrischen Werk 1945–1956. Hrsg. vom Brecht-Zentrum der DDR. Berlin: o. V., 1982 (Brecht-Studien, Bd. 8)

Hartung, Günter: *Der Dichter Bertolt Brecht*. Zwölf Studien. Leipzig: Universitätsverlag, 2004 (Günter Hartung Gesammelte Aufsätze und Vorträge, Bd. 3)

Hecht, Werner (Hrsg.): *„alles was Brecht ist …"*. Medienhandbuch. Frankfurt a. M.: Suhrkamp, 1997
(Begleitbuch zu den Fernsehsendungen in 3sat und S2 Kultur, verbindet Brecht-Texte mit zeitgenössischen Kritiken, Abbildungen, einer Radiografie und einer Videografie.)

Hecht, Werner (Hrsg.): *Bertolt Brecht. Sein Leben in Bildern und Texten*. Vorwort von Max Frisch. Gestaltet von Willy Fleckhaus. Frankfurt a. M.: Suhrkamp, 1978

Hecht, Werner (Hrsg.): *Bertolt Brecht. Leben und Werk im Bild*. Mit autobiographischen Texten, einer Zeittafel und einem Essay von Lion Feuchtwanger. Leipzig, Weimar: Gustav Kiepenheuer, 1981

Hecht, Werner: *Brecht Chronik 1898–1956*. Frankfurt a. M.: Suhrkamp, 2007
(Spannende und detaillierte, nur Fakten bietende Darstellung der biografischen Zusammenhänge auf der Grundlage von Briefen, Journalen, Erinnerungen usw.)

Hinck, Walter (Hrsg.): *Gedichte Brechts mit Interpretationen.* Frankfurt a. M.: Suhrkamp, 1978 (edition suhrkamp, Bd. 927)
(Sammlung teils interessanter Interpretationen – Segebrecht, Ueding, Hermand, Borchers u.a. –, allerdings meist zu weniger bekannten Gedichten.)

Jaretzky, Reinhold: *Bertolt Brecht*. Reinbek bei Hamburg: Rowohlt, 2006 (rowohlts monographien, Bd. 50692)
(Ersatz für die Biografie von Marianne Kesting. Es wird ein Brecht „jenseits parteipolitischer Vorbehalte" geboten.)

Kesting, Marianne: *Bertolt Brecht in Selbstzeugnissen und Bilddokumenten.* Hamburg: Rowohlt, 41. Auflage 2003 (rowohlts monographien, Bd. 37)
(Ausgewogene und trotz ihres Alters solide informierende Einführung.)

Knopf, Jan: *Bertolt Brecht*. In: Gunter E. Grimm und Frank Rainer Max (Hrsg.): Deutsche Dichter. Bd. 7. Stuttgart: Reclam, 1989 (RUB, Bd. 8617 [7]), S. 483–504
(Informative und gut verständliche Gesamtdarstellung der wichtigsten Ereignisse in Leben und Werk.)

Knopf, Jan: *Gelegentlich: Poesie. Ein Essay über die Lyrik Bertolt Brechts.* Frankfurt a. M.: Suhrkamp, 1996
(Zusammenfassung der vielfältigen Kommentare K.s und Versuch, den Umgang mit den Gedichten zu erleichtern. Teils umstrittene Thesen.)

Knopf, Jan (Hrsg.): *Brecht-Handbuch*. 5 Bde (2001–2003). Bd. 2: Lyrik, Prosa, Schriften. Stuttgart: Metzler, 2001

Mayer, Hans: *Brecht*. Frankfurt a. M.: Suhrkamp, 1996
(Der Band fasst viele der zahlreichen Arbeiten des mit Brecht befreundeten Literaturwissenschaftlers zusammen und weist besonders die internationalen literarischen Beziehungen und Wirkungen Brechts aus.)

Mennemeier, Franz Norbert: *Bertolt Brechts Lyrik*. Aspekte, Tendenzen. Berlin: Weidler Buchverlag, 2. Auflage 1998

Mittenzwei, Werner: *Das Leben des Bertolt Brecht oder Der Umgang mit den Welträtseln*. 2 Bde. Berlin, Weimar: Aufbau-Verlag, 1986; Frankfurt a. M.: Suhrkamp, 2002

Müller, Hans-Harald, Tom Kindt: *Brechts frühe Lyrik. Brecht, Gott, die Natur und die Liebe.* München: Fink, 2002
(Interessante Einzelergebnisse bei Vernachlässigung vorliegender Untersuchungen z. B. zur Thematisierung Gottes bei Brecht.)

Müller, Klaus-Detlef (Hrsg.): *Bertolt Brecht. Epoche–Werk–Wirkung.* München: Beck, 1985

Reich-Ranicki, Marcel (Hrsg): *1000 deutsche Gedichte und ihre Interpretationen*. Bd. 7: Von Bertolt Brecht bis Marie Luise Kaschnitz. Frankfurt a. M., Leipzig: Insel, 1994
(Die in diesem Band vereinigten Interpretationen standen zuerst in der Frankfurter Anthologie der F.A.Z.)

Reich-Ranicki, Marcel (Hrsg): *Der Mond über Soho.* 66 Gedichte mit Interpretationen. Frankfurt a. M., Leipzig: Insel, 2006 (insel taschenbuch, Bd. 3207)
(Bei 39 Interpretationen deckungsgleich mit der zuvor genannten Veröffentlichung.)

Richter, Hans: *Bertolt Brechts Bemerkungen zur Lyrik.* In: Weimarer Beiträge, Heft 5/1966, S. 765–785

Schuhmann, Klaus: *Der Lyriker Bertolt Brecht. 1913–1933.* Berlin: Rütten & Loening, 1964 (Neue Beiträge zur Literaturwissenschaft, Bd. 20); auch: München 1971
(Erste zusammenfassende, bis heute gültige und alle folgenden Arbeiten deutlich beeinflussende und maßstabsetzende Untersuchung, die sich auf die weltanschauliche Entwicklung Brechts konzentrierte.)

Schuhmann, Klaus: *Untersuchungen zur Lyrik Brechts.* Themen, Formen, Weiterungen. Berlin, Weimar: Aufbau-Verlag, 1973

Schumacher, Ernst: *Leben Brechts.* Leipzig: Philipp Reclam jun., 1984 (RUB, Bd. 1070)
(Die informative Biografie geht auf eine umfangreiche Darstellung zurück: Ernst und Renate Schumacher: Leben Brechts in Wort und Bild, Berlin: Henschelverlag Kunst und Gesellschaft, 3. Auflage 1981)

Völker, Klaus: *Bertolt Brecht. Eine Biographie.* München, Wien: Carl Hanser, 1976
(Neben der Biografie Werner Mittenzweis die zuverlässigste und genaueste, die auch das Werk in die Darstellung einbezieht.)

Witt, Hubert (Hrsg.): *Erinnerungen an Brecht.* Leipzig: Philipp Reclam jun., 1964 (RUB, Bd. 117)
(Zahlreiche biografische Mitteilungen von Freunden Brechts, Schriftstellern wie Feuchtwanger, Bronnen, Karl Kraus, Arnold Zweig, Max Frisch, Anna Seghers usw., aber auch Kommentare wie Benjamins „Kommentare zu Gedichten von Brecht".)

Zimmermann, Fred: *Bertolt Brecht und das Volkslied. Studien zum Gebrauch volksmäßiger Liedformen.* Hrsg. vom Brecht-Zentrum der DDR, Berlin: o. V, 1985 (Brecht-Studien, Bd. 16)

Wie interpretiere ich ...?

Alles zum Thema Interpretation,
abgestimmt auf die individuellen Anforderungen

🐦 **Basiswissen**
(Einführung und Theorie)
- grundlegende Sachinformationen zur Interpretation und Analyse
- Grundlagen zur Erstellung von Interpretationen
- Fragenkatalog mit ausgewählten Beispielen
- Analyseraster

🐦 **Anleitungen**
(konkrete Anleitung - Schritt für Schritt,
mit Beispielen und Übungsmöglichkeiten)
- Bausteine einer Gedichtinterpretation
- Musterbeispiele
- Selbsterarbeitung anhand praxisorientierter Beispiele

🐦 **Übungen mit Lösungen**
(prüfungsnahe Aufgaben zum Üben und Vertiefen)
- konkrete, für Klausur und Abitur typische Fragen und Aufgaben-
  stellungen zu unterrichts- und lehrplanbezogenen Texten mit Lsg.
- epochenbezogenes Kompendium

Bernd Matzkowski
Wie interpretiere ich Lyrik?
Basiswissen Sek. I/II (AHS)
112 Seiten, mit Texten
Best-Nr. 1448-8

Thomas Brand
Wie interpretiere ich Lyrik?
Anleitung Sek I/II (AHS)
205 Seiten, mit Texten
Best-Nr. 1512-6

Thomas Möbius
Wie interpretiere ich Lyrik?
Übungen mit Lösungen, Band 1
Mittelalter bis Romantik
Sek. I/II (AHS),
158 S., mit Texten
Best-Nr. 1513-3

Thomas Möbius
Wie interpretiere ich Lyrik?
Übungen mit Lösungen, Band 2
Realismus bis Postmoderne
Sek. I/II (AHS),
149 S., mit Texten
Best-Nr. 1461-7

Bernd Matzkowski
Wie interpretiere ich?
Sek. I/II (AHS)
114 Seiten
Best-Nr. 1535-5

Bernd Matzkowski
**Wie interpretiere ich
Novellen und Romane?**
Basiswissen Sek. I/II (AHS)
74 Seiten
Best-Nr. 1495-2

Thomas Brand
**Wie interpretiere ich
Novellen und Romane?**
Anleitung Sek. I/II (AHS)
160 Seiten, mit Texten
Best-Nr. 1471-6

Thomas Möbius
Wie interpretiere ich ein Drama?
Anleitung
204 Seiten, mit Texten
Best-Nr. 1466-2

Thomas Möbius
Wie interpretiere ich ein Drama?
Übungen mit Lösungen
206 Seiten, mit Texten
Best-Nr. 1467-9

Bernd Matzkowski
**Wie interpretiere ich Fabeln, Parabeln
und Kurzgeschichten?**
Basiswissen 10.–13. Sj.,
96 Seiten, mit Texten
Best-Nr. 1519-5

Thomas Möbius
**Wie interpretiere ich Fabeln, Parabeln
und Kurzgeschichten?**
Anleitung, 10.-13. Sj.
128 Seiten, mit Texten
Best-Nr. 1517-1

Thomas Möbius
**Wie interpretiere ich Fabeln, Parabeln
und Kurzgeschichten?**
Übungen mit Lösungen, 10.-13. Sj.
ca. 200 Seiten, mit Texten
Best-Nr. 1518-8

Aufsatz

■ Qualität, die überzeugt!

☝ schülergerecht dargestellt und aufbereitet
☝ klarer, übersichtlicher Aufbau
☝ Randleisten mit Info-Buttons
☝ mit Übungen und Lösungen
☝ erarbeitet in Anlehnung an die gültigen Lehrpläne
☝ Lernerfolg ist garantiert!